U0732840

岭南师范学院 2024 年筑峰计划专项项目资助

教育叙事运用实例

JIAOYU XUSHI YUNYONG SHILI

李　雅◎著

暨南大学出版社

JINAN UNIVERSITY PRESS

中国·广州

图书在版编目（CIP）数据

教育叙事运用实例/李雅著. —广州：暨南大学出版社，2024.11
（2025.10 重印）
ISBN 978 - 7 - 5668 - 3912 - 1

Ⅰ. ①教… Ⅱ. ①李… Ⅲ. ①教育工作 Ⅳ. ①G4

中国国家版本馆 CIP 数据核字（2024）第 090897 号

教育叙事运用实例
JIAOYU XUSHI YUNYONG SHILI
著　者：李　雅
···

出 版 人：阳　翼
策划编辑：杜小陆
责任编辑：黄　颖
责任校对：刘舜怡　王雪琳
责任印制：周一丹　郑玉婷

出版发行：暨南大学出版社（511434）
电　　话：总编室（8620）31105261
　　　　　营销部（8620）37331682　37331689
传　　真：（8620）31105289（办公室）　37331684（营销部）
网　　址：http://www.jnupress.com
排　　版：广州良弓广告有限公司
印　　刷：佛山市浩文彩色印刷有限公司
开　　本：787mm×960mm　1/16
印　　张：13.25
字　　数：210 千
版　　次：2024 年 11 月第 1 版
印　　次：2025 年 10 月第 2 次
定　　价：59.80 元

（暨大版图书如有印装质量问题，请与出版社总编室联系调换）

序

岭南师范学院　李斌辉

　　李雅老师的《教育叙事运用实例》一书即将出版，这是她"教育叙事"系列著作的第二本。作为李老师的同事，我衷心祝贺她。

　　2021年，李雅老师的教育叙事专著《教育叙事的力量》由暨南大学出版社出版。在拜读了该书后，我感觉特别有价值、特别有新意，全书呈现出"言雅""行雅""智雅"的特点。为此我还以这"三雅"为题，写了一篇小书评发表在《湛江日报》上。令我，也许令李雅老师她自己也未曾想到的是《教育叙事的力量》甫一出版，反响就极为热烈，竟然引爆了粤西中小学教师"教育叙事"的热潮。湛江茂名地区的中小学教师开始钟情于教育叙事，他们购买《教育叙事的力量》一书来读，以至于该书很快就售罄。很多中小学校邀请李雅老师去给教师讲教育叙事的价值、如何写作教育叙事。《湛江日报》甚至开辟了《教育叙事》专栏，邀请李雅老师共建这个栏目，众多教师的教育叙事作品见诸报端。一些教师在了解教育叙事之后开始了教育论文写作和相关课题研究。这不得不说是"教育叙事"的力量，是《教育叙事的力量》的力量。

　　中小学教师钟情于教育叙事，这是一件好事。但叙事是"一种特别的话语表达方式"（珀金霍尔），也是"一种认知方式"（布鲁纳），是作为教师记录教育教学事件、反思教育教学行为、促进自身专业发展的一种重要方法和手段，教育叙事自有其内在的本质要求和写作规范。不是所有的记录教育教学事件的文本都称得上"教育叙事"，也不是记录下了自己的教育教学行为就一定能促进教师的专业发展。比如很多教师就把教育叙事简单地理解为日常生活中的"讲故事"，将教育教学事件只是"流水账"式地记录下来，这离真正的教育叙事还是有距离的，对教师专业发展的促进作用也是极其有限的。

这样一来，如何撰写和运用教育叙事也就成为教师需要解决的问题，否则教育叙事的作用也就难以发挥。我不知道李雅老师是不是出于这样的目的才要出版《教育叙事运用实例》一书。但当我在阅读了这本书后，发现这本书恰好解决了这个问题。作者结合当前教师在教育叙事书写中存在的这样那样的问题，对如何撰写教育叙事，如何运用教育叙事用实例一一阐释和解说。从学科教学、教学管理、班级建设等多个方面来阐释教育叙事的运用策略，将理论与实践相结合，极具操作性和学习性。这应该是李雅老师长期对"教育叙事"研究以及对当前教师教育叙事写作现状高度关注的一个结果。如果说《教育叙事的力量》更多地让我们感受到教育叙事的价值，那么《教育叙事运用实例》就是从方法论的角度告诉教师如何去实现教育叙事的价值和功能。这也是《教育叙事运用实例》的价值所在。

因此，读过李雅老师《教育叙事的力量》一书的读者，是不是值得再来读一读《教育叙事运用实例》这本书呢？那些正在为不知如何运用"教育叙事"而发愁，或者在教育叙事写作上还存在不足的教师，是不是应该读一读这本书呢？我认为，是值得也应该读一读的。语文教师典雅的文笔、一线教师雅致的教学生活、女性教师博雅的智慧、高校教师对教学叙事研究的专业性，都能在这本书中读出来。而后你会发现那如何撰写和运用教育叙事的秘密，教育叙事将会真正成为助你迅速成长的推动器。

相信《教育叙事运用实例》一书的出版，将在中小学再次掀起更高的"教育叙事"热潮，将使教师在教育叙事写作和运用中存在的不足和问题得到一定的克服和解决。从这个角度来说，作为读者和从事教育教学工作的我，还要对李雅老师致以衷心的感谢。

2024 年 8 月 10 日

关于教育叙事（代序）

一、教育叙事是什么

从体裁上看，教育叙事是真实的教育故事。

要真正理解教育叙事，我们要抓住三个关键词：一是"故事"，二是"教育"，三是"真实"。

教育叙事是故事，"故事性"是教育叙事的显著特点。

写作教育叙事，从本质上说就是讲教育故事。教育叙事的写作者通过讲故事的形式讲教育。教育叙事具有故事的基本要素：时间、地点、人物、起因、经过、结果。一篇教育叙事，如果写了一个完整的教育故事，那这个教育故事就是由时间、地点、人物、起因、经过、结果这六个要素构成的。把教育故事的基本要素交代清楚，把能够凸显这个教育故事主题的内容写详细，一篇好的教育叙事差不多就写出来了。

教育叙事是教育故事，"教育性"是教育叙事的另一个显著特点。教育叙事姓"教育"，教育叙事与"教育"密切相关。

教育叙事来源于教育，教育叙事写的是教育方面的故事而不是其他方面的故事。教育故事里的人物、事件以及所体现的思想、理念都与教育密切相关。

教育叙事反映教育生活，表达作者对教育的理解。教师写作教育叙事，一般不是单纯地通过讲校园里的故事来怡悦读者；教师写作教育叙事，更多的是通过"故事"来讲"教育"——他们通过教育故事来讲述自己的教育智慧、教育遗憾，通过教育故事来呈现教育思想和教育理念，表达自己对教育的理解。

教育叙事服务教育、助力教育。在开展教育工作的过程中，有的教师用教育叙事记录、总结教育工作，呈现自己的教育业绩、教育成果；有的教师用教育叙事来记录学生成长的足迹，用教育叙事来陪伴和引导学生成长；有的教师把教育叙事的作用发挥到极致，把教育叙事变成一种行之有效的工作手段。随着教育叙事写作与运用的日益成熟，教育叙事将越来越多地服务教育、助力教育。

教育叙事是真实的教育故事，"真实性"是教育叙事的又一显著特点。毫不夸张地说，真实是教育叙事的生命。

教育叙事的"真实性"与教育叙事的使用有关。在日常工作中，教师常常用教育叙事记录学生成长的足迹，或用教育叙事来记录总结自己某一个阶段的教育工作。写好教育叙事之后，教师或用它来表扬鼓励、教育引导学生；或把它作为下一个阶段工作的重要依据，让自己的工作更有针对性；或把它作为工作业绩存入业务档案；或把它作为工作成果上报给学校，分享给同行。不管用于哪个方面，教育叙事都必须确保真实性才能真正发挥其作用。用于表扬鼓励、教育引导学生，教育叙事必须真实，学生才会心服口服；作为指引工作的重要依据，教育叙事必须真实才能使工作具有针对性；作为业绩和成果的呈现形式，教育叙事必须真实才能客观。

教育叙事是真实的教育故事。不管是阅读教育叙事，还是写作教育叙事，都要有文体意识，都要按照这种文体特点进行阅读与写作。

阅读教育叙事，我们要把它当作教育叙事来阅读，而不能把它当作其他体裁的作品来阅读。比如，我们不能用阅读小说的方法来阅读教育叙事，教育叙事不能像小说那样虚构，它的情节一般没有小说那样曲折离奇，人物也不像小说那样具有典型性，因此阅读教育叙事时，我们也就不能苛求它的情节像小说情节那样曲折、人物像小说人物那样具有典型性。

写作教育叙事的过程中，我们也要有文体意识，要把教育叙事写成教育叙事，不能把教育叙事写成文学作品或其他体裁的作品。议论文可以有大量的议论，那是因为它是议论文；童话可以让石头、小鸟说话，那是因为它是童话；教学实录要求有闻必录，要求详细记录课堂教学的整个过程和全部内容，那是因为它是教学实录……教育叙事是真实的教育故事，根据这种文体的特点，写作教育叙事时要突出教育叙事的故事性，故事的基本要素（时间、地点、人物、起因、经过、结果）要交代清楚；要突出教育性，写与教育有关的故事，要通过讲故事来讲教育；要确保教育叙事的真实性，不能虚构杜撰。

二、教育叙事具有独特的育人优势

在探索运用教育叙事育人的过程中，我发现与其他的教育方式相比，教育叙事有几个独特的优势。

与口头教育相比，教育叙事对学生的影响更为深刻，也更加持久。

学生有了精彩的表现，如果教师只是对他们作口头上的表扬，过不了多久，周围的人都忘记了，学生本人也会淡忘。但是如果教师能把学生的精彩表现及时记录下来，那么，这些精彩的瞬间就不会被忘记，而是定格在文字里。

教师在繁忙的工作中若能捕捉学生的精彩瞬间和高光时刻，并郑重其事地写成教育叙事对学生加以表扬，这样的教育叙事可以让学生真切地感受到教师对他们的关注、欣赏和期待，学生也会因此受到感动、鼓舞。这样的教育叙事在定格学生的精彩瞬间和高光时刻的同时，还把教师对学生的关注、欣赏和期待定格下来，所有这些都会铭刻在学生的心里，成为激励学生不断进步的恒久动力。

也许学生的某个精彩表现只是一时的、偶然的，但是一旦被教师用教育叙事记录下来，那么这个精彩表现就很有可能变成该生经常性的行为，变成他的一种习惯。

我曾用教育叙事《激情澎湃》记录下学生符晓霞在练习教学导入时的精彩瞬间，并赞扬她"具有一个优秀语文老师的潜质"。符晓霞通过考试成为教师后很激动，发信息告诉我，我写给她的教育叙事《激情澎湃》给了她莫大的鼓舞，激励她一路勇敢前行！

我经常收到毕业生这类信息，他们都说我的教育叙事对他们产生了深刻的影响。学生的反馈让我相信：与口头教育相比，教育叙事对学生的影响更为深刻，也更加持久。

与面对面交流相比，教育叙事这一形式不受时空限制，大大拓展了教师的育人空间。

教师不能时时陪伴在学生的身边，如果教师对学生的教育与影响仅限于课堂上，那是远远不够的。教育叙事以文字为载体，突破了"课堂上面对面"的限制，让教师对学生的教育与影响从课内延伸到课外，从线下延伸到线上。

借助微博、微信等新媒体，教师通过教育叙事可以随时随地以文字的形式与自己的学生进行交流，对学生进行教育，从而拓展了教育空间，提高了教育的效率。

与一对一的教育方式相比较，教育叙事的影响面更广。

学生表现出色或在某方面做得不够好，教师用一对一的形式表扬他或批评教育他，这样只能激励引导一个学生。如果教师把学生的故事写成教育叙事，那么这篇教育叙事除了对所写学生产生影响外，还可以对班里的其他学生产生影响，甚至可以跨越班级、专业、学校，对更多的学生产生影响。

与短信相比，成篇的教育叙事传播性更强、作用更大。

短信不是文章，不像教育叙事那样具有故事性，不容易传播开去，往往只限于教师与学生、教师与家长之间的交流，作用与影响很有限。如果还原短信背后的真实故事，把短信写成一篇有故事情节的教育叙事，然后发表在公众号、报刊等上，由此传播开去，就可以引导更多的学生健康成长。

与枯燥、生硬的说教相比，教育叙事和风细雨、润物无声，更容易被学生接受。

学生不喜欢说教，枯燥、生硬的说教常常引起他们的反感与抵触，但他们喜欢听（看）故事，尤其喜欢听（看）自己同学或师兄师姐的故事。教育叙事是真实的教育故事，教师可以通过记录教育故事来表扬激励和教育批评学生。

我在湛江市爱周高级中学工作时曾担任过一个职中班的班主任。当时班里部分学生不努力学习，得过且过，我找他们谈话，讲了很多大道理但效果仍然不好。后来我写了多篇教育叙事来表扬班里努力学习、锐意进取的同学，慢慢地，那些不努力学习的同学也开始努力学习了。把"要努力学习"的道理寓于学生努力学习的故事中，引领后进同学向先进同学看齐，这种"故事育人"的形式，和风细雨、润物无声，更容易被学生接受。

与距离较远的榜样相比，教育叙事所写的身边的榜样更具有力量。

教师在写作教育叙事的过程中捕捉到学生的闪光点，记录下学生成长过程中的精彩瞬间和高光时刻，在表扬肯定被写学生的同时，也为其他学生树立起身边的榜样。写学生身边的榜样，可以让学生反思：自己与受到表扬的同学是同班同学或同届学友，甚至是同桌或上下铺的舍友，为什么别人做得那么好，我却做不到？这样的反思，会激发学生急起直追的自觉。

榜样的力量是无穷的，身边的榜样更是如此。教育叙事写的就是学生身边的故事，故事里的主人公就在学生身边。身边的榜样既可望，也可及。

最近几年，我每年都会带几十名大四学生到中小学校去实习。在实习的过程中，我遇到了各种各样的问题：有的实习生没有认识到实习的重要性，没有认真对待实习；有的实习生信心不足；有的实习生不善于沟通；有的实习生不讲礼貌。一开始，我和他们讲道理，可是没几个人能够听得进去。后来我改变了工作方式，在讲道理的同时，用写教育叙事的方式来引导实习生做好实习工作，取得比较好的教育效果。自2019 年以来，我写了 50 多篇与实习有关的教育叙事，这些实习故事对学生实习工作起到了很好的引导作用。

教育叙事在育人方面具有独特的优势，前景广阔，未来可期，值得教师关注与探索。

三、为什么建议教师积极写作教育叙事

只要有机会，我都会建议教师积极写作教育叙事。我为什么会建议教师积极写作教育叙事呢？理由如下：

（一）教育叙事是一种能够走进学生内心的文体

随着教育的发展，学生真正成为教育的主体。与之相适应，教师在写作教育叙事时，自然会写与学生密切相关的教育故事，自然会把学生当作教育故事的主角。学生能在教师的教育叙事中看到自己的名字，看到自己的身影，看到自己的精彩瞬间和高光时刻。阅读教师为他们写的教育叙事，学生常常深受鼓舞，信心倍增。

教师用教育叙事来见证和陪伴学生的成长，这些教育叙事里面包含着教师对学生的关注、赞赏、鼓励、期待、关爱，这些温暖的文字让学生真切地感受到教师对他们浓浓的爱，让他们内心感到温暖，让他们铭刻于心。

教育叙事关注学生、服务学生，因而它能够走进学生内心，很受学生欢迎，用它来教育引导学生往往能取得事半功倍的效果。

（二）教育叙事是学生健康成长的导航仪

学生健康成长是教育最重要的目标。在学生成长的过程中，教师是他们的引路人。教师在施教的过程中，可以用教育叙事记录学生成长过程中的精彩瞬间和高光时刻，让学生受到表扬激励；也可以用教育叙事记录学生的缺点与错误，引导学生认识自己的不足，引领他们健康成长。如果教师有写作教育叙事的习惯，那些批评教育或表扬激励学生的教育叙事就可以在学生中传阅，很自然，教育叙事就成为学生健康成长的导航仪。

（三）教育叙事是师生沟通的桥梁

师生互相理解是做好教育教学工作的前提条件。教育教学工作做不

好，很多时候是因为师生没有真正读懂对方。教师只有了解学生，理解他们的想法，教育教学工作才会有针对性；学生只有理解教师的教育思想、教学设想和读懂教师对他们的种种好（包括温暖的关爱和严厉的批评），他们才能积极配合教师开展教育教学工作。师生沟通交流的方式有很多种，教育叙事是效果较好的一种。教育叙事在师生之间架起了沟通的桥梁，增强了师生的相互理解，有效地促使师生共同形成教育的合力，为做好教育教学工作打下坚实的基础。

（四）教育叙事是教师递给学生和家长的橄榄枝

在教育教学工作中，教师与学生之间、教师与家长之间难免有一些误解甚至矛盾，这个时候教师结合具体情况写作教育叙事是一个很不错的选择。一般来说，几乎所有的教师都是关心、关爱学生的，但因为没有写出来，这种关心、关爱很多时候不为学生和家长所知。教师可以用教育叙事向学生传递信息：我在乎你，我关心你，如果你有困难，我可以帮助你。教师也可以用教学叙事向家长传递信息：我在乎你的孩子，我关心你的孩子，我们一起来帮助孩子成长。这些教育叙事就是教师递给学生和家长的橄榄枝，能让学生和家长真切地感受到教师对学生的关爱和友好，从而能够化解矛盾，凝聚教育合力，让教育工作更有成效。

（五）教育叙事是教师的好帮手

教师可以用教育叙事来记录自己的工作情况，让工作更有针对性；可以用它来表扬激励或批评教育学生，引导学生健康成长；可以用它来建设优秀班集体；可以用它来助力学科教学；还可以用它来建设良好的师生关系……教育叙事是教师的好帮手。

很多教育叙事是教师在教育工作中发现问题、为解决教育中存在的问题而写的。这类教育叙事发给相关的学生，相当于教师与相关学生进行了一次谈话；发到班群，相当于开了一次班会；发到家长群，相当于开了一次家长会。这类教育叙事通过真实故事的形式，把教育中存在的问题摆出来，不但能够引起学生的注意、反思，还能引起家长的密切关注，促使家长加入到教育工作中来，对问题的解决和学生的健康成长非常有利。教师在教育教学工作中充分利用好教育叙事这个好帮手，可以减负增效，取得事半功倍的效果。

（六）教育叙事是教师专业成长的加速器

教育叙事如实记录教师所取得的成果，也如实记录下教师工作中有待改进的地方。写作教育叙事能促使教师对自己的教育教学工作进行深刻的反思。这种反思能够让教师看清楚自身的优点与不足，促使教师不断优化教育教学工作，加速教师的专业成长。

（七）教育叙事是教师发给自己的奖状

在日常工作中，教师总有一些鲜为人知的进步和成绩，用教育叙事记录下自己的进步和成绩，是对自己的肯定和表扬。可以说，这些教育叙事就是教师发给自己的奖状。

（八）教育叙事是教师亮丽的名片

教师的教育叙事把教育生活中的故事记录下来，这些故事饱含着教师对学生浓浓的爱，体现了教师的教育情怀，显示了教师的教育追求与教育智慧……这些教育叙事发在学校教学群，发在朋友圈，发在公众号，发表在报刊上。一篇篇教育叙事就成为教师一张张亮丽的名片，通过这些名片，使外界了解到这些教育叙事的作者是有爱心的教师，是有教育情怀的教师，是有追求的教师，是有智慧的教师……

（九）教育叙事是教师个人的成长史

如果教师能够坚持写作教育叙事，用教育叙事记录自己成长过程中的故事，一篇又一篇的教育叙事连起来就成为这位教师的专业成长史。看着自己在各个时期写下的一篇篇教育叙事，回眸自己的从教之路，盘点自己的一路所获，教师的成就感、幸福感就会油然而生。

（十）教育叙事是学校向外展示教育的窗口

由于公众对学校工作缺少了解，对学校的教育教学工作难免有一些误解，有些人以为教师每天只是上一两节课，工作很轻松；有些人以为学校教育就是应试教育……这些误解让教师感到委屈，也容易让学校失去公众的支持，不利于教育的发展。作为当事人，教师不应该一味感到委屈，应该积极主动行动起来消除公众对学校教育工作的误解。教育叙事记录学校真实的教育生活，教师可以写作教育叙事，把它作为一个窗口，向外展示学校真实的教育生活，以加深公众对教师的了解，消除公众对教师的误解。

通过教育叙事这个窗口，学校还可以展示教育教学成果，让家长和更多的公众了解教育、支持教育。

（十一）教育叙事是学校的校史

教育叙事作为真实的教育故事，它能够把教育生活中的真人真事记录下来。如果一所学校的教师坚持写作教育叙事，那么这所学校一代又一代的教师在不同时期所写的教育叙事结集成册就能成为这个学校的校史。这样的教育叙事可以让师生看到自己学校的发展历程，让师生更加热爱自己的学校。

（十二）教育叙事是具体、鲜活的教育史

教师个人的成长史、每所学校的发展史都是某个阶段国家教育史的缩影。一部波澜壮阔的教育史就是由一个又一个教师个人的成长史、一所又一所学校的发展史构成。某个阶段书写教师成长、学校发展的海量的教育叙事汇总起来就变成了我们国家这一阶段具体、鲜活的教育史。

（十三）教育叙事写作是新时期一种重要的教育方式

随着社会的发展，教育方式也发生了深刻的变革。在新时期，新媒体让信息的传播和接收变得十分便捷，教师可以利用新媒体让教育叙事在教育工作中发挥重要的作用。教师可以写作教育叙事来表扬激励和教育批评学生，引导他们健康成长；可以写作教育叙事来促使班级蜕变；可以写作教育叙事来助推教育教学工作……教师写出的这些教育叙事发到班群、家长群、朋友圈、公众号等平台后，能够跨越时空对学生进行及时有效的教育——教育叙事写作成为新时期一种重要的教育方式。

（十四）教育叙事写作能够有效促进一线教师的教研工作

教育叙事写作为一线教师的教研工作积累了丰富的原始材料，真实的教育故事为论文写作、案例分析以及课题研究、教育项目研究奠定了坚实的基础。

教育叙事的作者在写作教育叙事的过程中，除了记录真实的教育生活，还用故事的形式来思考教育的意义、探究教育的本质。因此，教育叙事写作的本身就是一种扎根一线教育的教研形式。

教育叙事写作是一种门槛低、成本低的教研形式，即使没有研究团队、研究资金，只要有班级和学生，教师一个人也可以通过教育叙事写作来思考探究教育的意义和本质。随着教育的发展，越来越多的一线教师不再满足做好常规的教育教学工作，他们对教育有了更高的追求，在做好常规教育教学工作的同时，非常想在教研领域有所作为。这个时候，部分教师不知道应该从哪里入手开展教研。教育叙事写作这种门槛低、成本低、一个人也可以开展的教研形式，非常适合一线教师。不知道怎样开展教研的教师，可以从写作教育叙事开始。如果教师能够坚持写作教育叙事，坚持记录教育生活中的点点滴滴，坚持在写作教育叙事的过程中思考和探究教育的意义和本质，就一定能够在教育研究方面有意想不到的收获。

（十五）教育叙事写作能减少教师的职业倦怠感

写作教育叙事能让教师养成细致观察生活的习惯，坚持写作教育叙事的教师会细致地观察教育生活：课堂上，学生的表现如何？他们是否学有所获？课堂之外，学生有哪些精彩的表现？不同学生的个性有什么不同？细致观察，可以让教师感受到看似年复一年、日复一日没有变化的教育生活其实每一天都是新的，从而减少了枯燥感和倦怠感。

（十六）教育叙事写作可以加深教师对教育意义的认识，增进教师对教育的热爱，增强教师的成就感和幸福感

教育生活中的教师大都是普通平凡、默默无闻的，他们所做的事情似乎也都是一些平凡的小事，教育生活中的人与事似乎很难与"伟大"联系在一起。因而部分教师没有认识到教育工作的意义重大之处，一些教师甚至妄自菲薄。教师如果坚持写作教育叙事，就会不断地思考教育的本质和教育的意义，就能发现教育生活中"凡人不凡，小事不小"——平凡的教师所做的一件件平凡小事可以一天天改变学生，可以一天天改变教育，教育生活中千千万万的"凡人小事"构筑起共和国的教育大厦，铸就了共和国的教育伟业，这些"凡人小事"连接着学生的未来，连接着我们国家与民族的希望！这种发现可以加深教师对教育意义的认识，增进教师对教育的热爱，增强教师的成就感和幸福感。

（十七）教育叙事写作有利于教师的身心健康

教育叙事写作可以让教师站在更高的层面去看待和思考教育，让教师看到平凡教育生活背后的重大意义，增加成就感和幸福感，让教师在繁重的工作中仍能保持心情的愉悦。

教育叙事写作写的是教师自己的教育生活，包括教育工作中好的、不好的事情。遇到好的事情，写出来可以愉悦心情。遇到不好的事情，写出来能够平复心情，这个时候，教育叙事写作就成为教师不良情绪的出口。

（十八）教育叙事写作能让教师在退休的时候不感到遗憾

有人说，《论语》不仅是一部重要的儒家经典，也是我国最早的教育叙事集子。这个说法有待进一步探讨，但毋庸置疑，《论语》记录下很多孔子与学生的教育故事，那些鲜活的教育故事，让我们在 2 500 多

年后的今天仍然能够领略到孔子这位文化巨人的风采！这些教育故事为我们提供了丰富的教育思想和实例，成为中国教育史上巨大的精神财富。

作为普通的教师，我们所写的教育叙事不一定有很大的影响，不一定有重大的价值，但通过教育叙事把自己的成长过程记录下来，把自己学校的发展历程记录下来，这是我们对教育的一份贡献，也是我们留给自己家人和家族的一笔珍贵精神财富。

时光可以流逝，记忆可以淡忘，但岁月不能把我们的教育生活带走，因为我们有教育叙事。教育叙事把我们奋斗的青春留住，把我们鲜活的教育生活留住，把我们教育生涯中一个个的精彩瞬间与高光时刻留住……

退休之后，在某个静谧的夜晚，手捧自己所写的教育叙事，回看自己与学生的教育故事，回望自己的教育之路，我们心中没有遗憾，有的是"教育有我"的欣慰与自豪。

李　雅
2024 年 8 月 15 日

目 录
CONTENTS

序　李斌辉　/1

关于教育叙事（代序）　/1

❦ **运用教育叙事建设优秀的班集体**

一、用教育叙事表扬激励学生　/3

二、用教育叙事引导学生改正缺点　/6

三、用教育叙事给学生以方法指导　/9

四、用教育叙事疏导学生的不良情绪　/12

五、用教育叙事搭建沟通桥梁，凝聚教育合力　/15

六、用教育叙事鼓励和支持班干部　/18

七、用教育叙事引导学生积极主动服务班集体　/22

八、用教育叙事增强班集体的凝聚力　/24

九、用教育叙事拉近师生之间的距离　/31

❦ **运用教育叙事助推学科教育**

一、用教育叙事给学生以学法指导　/47

二、用教育叙事增强学生的学习信心　/52

三、用教育叙事培养学生良好的学习品质　/54

四、用教育叙事巩固教学成果　/57

五、用教育叙事记录学生成长的轨迹　/60

六、用教育叙事呈现教改过程与成果　/66

❧ 运用教育叙事反思教育教学工作的不足

一、用教育叙事反思自己教育思想上的偏差 / 79

二、用教育叙事反思自己工作不够深入 / 82

三、用教育叙事反思自己工作方式的不当之处 / 86

四、用教育叙事反思自己过分依赖学生的帮助 / 89

五、用教育叙事反思自己的教学未能与学生长远的未来联系起来 / 91

❧ 运用教育叙事引导师范生更好地成长

一、用教育叙事引导师范生学会上课 / 97

二、用教育叙事记录师范生的精彩瞬间和高光时刻，引导更多师范生走向优秀 / 103

三、用教育叙事引导师范生要注意讲礼貌 / 119

四、用教育叙事引导师范生养成良好的习惯 / 121

五、用教育叙事引导师范生注意着装 / 130

六、用教育叙事引导师范生正确对待犯错的学生 / 134

七、用教育叙事引导师范生勇敢面对压力 / 137

八、用教育叙事培养师范生的良好品格 / 140

九、用教育叙事引导师范生学会与人相处 / 156

十、用教育叙事给师范生以方法指导 / 161

十一、用教育叙事引导师范生加强教学技能训练 / 165

❧ 运用教育叙事建设良好的师生关系

一、用教育叙事主动接近学生 / 169

二、用教育叙事期盼良好的师生关系 / 171

三、用教育叙事化解师生之间的矛盾 / 173

四、用教育叙事记录师生之间的情谊 / 175

运用教育叙事追踪毕业生的现状与发展

一、追踪毕业生出色表现，提振教育信心，引导学生向优秀校友看齐 ／181

二、追踪叙写毕业生在工作中遇到的困难，反思学校和教师的工作 ／186

三、用教育叙事记录毕业生遇到的麻烦，提醒在校生提前做好应该做的事情 ／188

后 记 ／192

运用教育叙事 建设优秀的班集体

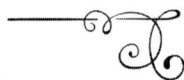

［以湛江市爱周高级中学 2019 届高三（10）班和岭南师范学院文学与传媒学院 2021 级汉语言文学专业 7 班为例］

教育叙事有不少功能，运用得好，有助于建设优秀的班集体。

2018 年 7 月—2019 年 6 月，在湛江市爱周高级中学担任班主任期间，我写下了《（10）班有个陈加驰》《不怕吓》《方法总比问题多》《输了高考，却赢得了人生》等 53 篇教育叙事，给班集体带来了积极影响。从 2023 年 9 月担任岭南师范学院文学与传媒学院 2021 级汉语言文学专业 7 班班主任至今，我又写下了《是挑战，也是机遇》《敢于要求》《班长岗位无人问津》《机会来了》《这才像一个集体》《又见抽签》等教育叙事，引导班集体向良好方向发展。

一、用教育叙事表扬激励学生

例文

（10） 班有个陈加驰

写作
起因

> 放了几天台风假之后，高三（10）班教室打扫的顺序被打乱了，几个小组的学生互相推诿。这时陈加驰说："我们组来！"课后他便带领他们组的同学把教室打扫干净。我写下《（10）班有个陈加驰》，既是对陈加驰主动服务集体、不推诿的优良品格的肯定，也是对其他同学的引领。

我今天上午到班里上课，看到教室的地板上有纸屑。我说："今天星期五应该是第五组的同学扫地，怎么没有打扫呢？"第五组的同学说："星期三是第三组，星期四是第四组，他们都没有扫，为什么要我们扫呢？"

我想起来了，星期三、星期四因台风"贝碧嘉"来袭，那两天放假，所以没有打扫。

开学的第一个班会课上，同学们集体商量决定，以小组为单位，按顺序打扫教室的卫生：星期一是第一组，星期二是第二组，以此类推。今天是星期五，应该由第五组打扫，但是由于第三、四组没有打扫，所以第五组也不肯打扫了。考虑到如果今天让第三组或者第四组补打扫，排列顺序就会打乱，于是我就和第五组的同学商量："第三、四组的打扫任务因受台风假影响就免了，今天是星期五，就由你们来扫地吧。"

"这不公平！"其中一个同学说，其他同学也跟着附和。见第五组同学不乐意，我对劳动委员说："要不今天你就和其他几位班干部把地扫了，明天星期六，由第六组接着打扫，这样顺序就不会乱了。"劳动委员说："但这会坏了规定的，轮到谁就该谁来打扫！"劳动委员说得也有道理。

第五组的同学说，第三、四组没打扫，他们也不打扫，而第三、四组却没人吭声说要补打扫。哪一组都不肯扫地。见此情形，我说："不就是扫一次地嘛，怎么都推来推去的呢？"

我刚说完，就听到有个人大声说："我们组来！"说话的是第三组的陈加驰。

"好！一个集体中就需要像陈加驰这样的人！"我表扬了他。

下课后，陈加驰带领他们组的同学三下五除二，几分钟就把地板打扫干净了。

陈加驰已经不是第一次这样大力支持我的工作了。开学的时候，负责考勤的班干部出于某种原因提出不做考勤登记工作了。因为登记考勤既烦琐又容易得罪人，大多数班干部都有点抗拒这项工作，所以暂时没有人肯接手。因找不到合适的人来登记考勤，有些同学就趁机迟到早退，甚至缺勤，因此得尽快安排班干部登记考勤。有一天，我找几个班干部来商量分工，说到登记考勤时没有人吭声，大家纷纷摇头。我有点着急，忍不住说道："这可怎么办呢？这可怎么办呢？"

这时，站在一旁的陈加驰说："老师，我来做考勤登记吧！"

我喜出望外，说道："好！那你就当纪律委员负责登记考勤吧。"

"没问题！"陈加驰爽快地答应了。

后来考虑到陈加驰是走读生，我只安排他负责下午跑操的考勤登记。陈加驰没有登记考勤之前，高三（10）班没有多少同学去跑操。而高三年级各班的跑操人数常常公布在高三教师群里，这些数字对我这个班主任来说是不小的压力。不过，这种情况在陈加驰当上纪律委员之后就发生了很大改变，班里跑操的人数不再落后于其他班。

"我来!""我们组来!"一个集体需要更多这样的声音，一个班级需要更多像陈加驰这样的同学。

(2018 年 8 月 17 日)

看得见的效果：《(10) 班有个陈加驰》一文发在班群，发到家长群，发到我的公众号，陈加驰受到表扬，得到同学和家长称赞，其他学生也受到教育。此后，班里互相推诿责任的事情就极少发生了。

二、用教育叙事引导学生改正缺点

例文

不怕吓

按照学校的规定，不符合外宿条件的学生必须搬回学校住宿。有一个不符合外宿条件的男生打电话对我说了一番比较失礼的话，我当时虽然很生气，但没有立刻把他叫到办公室批评，而是写了《不怕吓》一文。

高三（10）班一共有 26 名外宿生。我这个班主任很纳闷：哪来这么多外宿生？

（10）班外宿生人数之多引起了学校的关注，德育处杨主任对我说："查一查你们班外宿生的情况，如果不符合外宿条件的，一定要让他们搬回学校住宿。"接管（10）班的时间不长，我对班里外宿生的情况还不甚了解。为了弄清情况，我决定对外宿生进行排查。我先在班群和家长群里"@ 所有人"："按照学校的规定，外宿必须具备以下条件之一：①住在家里；②租房必须有家长陪住。不具备外宿条件的同学必须搬回学校住宿。"让学生和家长都了解了学校的有关规定后，我接着通过电话和微信逐一让这 26 位外宿生的家长确认他们的孩子是否具备外宿的条件。

昨天我接到一个学生的电话，他说："老师，只剩下几个月就要毕业了，住哪里都一样……为什么还要管这么严，如果管得太严，到时候会打人的。"

"打人？打谁？"我问道，"是打老师还是打同学？"

"都有可能!"

我说："你说清楚，谁要打人？"

他连忙说："我没说谁要打人呀。"

为了全面掌握外宿生的情况，我联系了（10）班上一学年的班主任罗老师。在向罗老师了解情况时，我说："（10）班居然有学生对我说，如果管得太严，可能会出现打人的情况。"罗老师笑着告诉我，之前（10）班有几个学生因为不满学校的严格管理，也曾经说出要打老师的话。

"原来（10）班有这么多牛人，动不动就说要打人!"我说。

罗老师安慰我："李老师，你放心，他们不敢打老师也不会打老师的，他们都是善良的孩子。"

我相信他们都是善良的，但是我认为学生动不动就说"要打人"非常不妥。我一定要好好教育他们才行。

今天上午到班里上课，我和同学们说："昨天，因为住宿问题，有同学说，如果管得太严，可能会出现打人的情况。我告诉大家，不是住在家里又没有家长陪读的外宿同学，一律要搬回学校住宿！也别和我说'打'这个字，李老师可不是被吓大的，工作这么多年，什么学生我没见过!"

陈加驰接着我的话，笑着说："别吓老师，谁怕谁呢!"

听他这样说，同学们都笑了起来。

太不像话了，年纪轻轻的，动不动就说"要打人"。回想起8月初高三刚开学的那段时间，负责考勤登记的班干部非常认真，每天都把迟到、缺勤的情况作了详细的登记并第一时间发给我，让我对学生的出勤情况了如指掌。可是突然有一天，这位班干部说："老师，我干不了考勤的工作了!"我追问原因，他什么也没有说，只是说："心太累了!"

现在看来，这位班干部的"心太累"是事出有因的，会不会有人对他说了类似"要打人"的话呢?

我得好好准备一下，用班会课来和学生说说"打人"的坏处，要让他们明白：解决问题的方法有很多种，"打人"不是好方法，而且只会用拳头来解决问题的人是无能的人!

我还要在班会上提醒说话做事粗鲁的学生：李老师不怕吓，恐吓不管用，遵守纪律才是硬道理。

（2018 年 9 月 3 日）

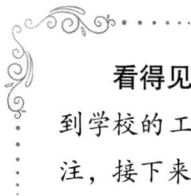

看得见的效果：《不怕吓》一文发到班群、家长群，还发到学校的工作群，引起了学生、家长和学校德育处领导的关注，接下来各方齐抓共管，不符合外宿条件的学生终于全部搬回了学校住宿。想必那个男生在阅读《不怕吓》之后也进行了反思，此后这个学生说话比较注意礼貌了。

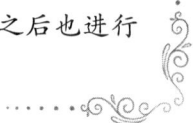

三、用教育叙事给学生以方法指导

例文

写作
起因

方法总比问题多

开学后两个多月的时间里，班里部分住宿的学生晚自习老是迟到。为了解决这个问题，我和班干部开会讨论，寻找解决问题的方法。会后，我把讨论的经过记录下来，写下教育叙事《方法总比问题多》引导学生尽快解决晚自习老是迟到的问题。

开学两个多月来，班里部分住宿的学生晚自习老是迟到。我多次因为此事批评学生，但他们总是有这样或那样的理由，有人说打饭要排队，有人说洗澡要排队，甚至有人说上下楼梯也要花时间……理由五花八门，结果都是一样——晚自习迟到。

每次有学生为自己的迟到辩解时，我总是问他们："为什么普中班的同学能做到，我们职中班却有这么多同学做不到呢？"学生无言以对，但迟到现象仍时有发生。我一直在思考如何解决晚自习总是有人迟到的问题。

今天中午，我在学校饭堂吃午餐，刚好看到班长梁汇源、副班长李星宇、组长王铭登也来饭堂吃饭。他们发现我后过来问好，我叫他们打完饭过来一起吃。等了十几分钟之后，他们三人才打到饭端过来。我们一边吃，一边聊。

"饭堂的饭菜怎样?"我问他们。

"还可以。"李星宇说。

"你们吃一顿一般要多少钱?"

"一般八块钱左右。"王铭登说。

…………

因为正副班长都在场，我们的话题自然就转到班务上来。我和他们讨论怎样解决晚自习总有同学迟到的问题。

"老师，您也看到了，我们打饭要排这么长时间的队，每次打饭、吃饭至少要花二十分钟。今天是星期六，人少一点，平时人更多。"李星宇说。

"老师，麻烦您向学校领导反映一下，看看能不能单独为高三学生开一个打饭窗口。如果有专门的打饭窗口，我们就可以节省一些排队时间。"梁汇源说。

"向学校领导反映情况是可以的。但我觉得问题的关键不在这里。你们可以问问普中班的同学是怎样可以做到不迟到。他们打饭、洗澡同样要排队呀。"我说。

"你们宿舍8个同学吃饭和洗澡的时间可以错开嘛。"我建议他们，"下午第三节课一下课，一部分同学去饭堂吃饭，另一部分同学回宿舍洗澡。接下来，吃完饭的同学回宿舍洗澡，洗完澡的同学去饭堂吃饭，不要都挤在一块儿干同样的事情。这样一来，问题不是很容易解决了吗?"

"我们有时也可以去其他人少的宿舍洗澡。"李星宇说。

"这就很好嘛。"我肯定了这个想法。

"但老是这样打扰别人也不太好。"李星宇说。

"打扰一下有什么关系呢?都是同一个学校的同学。"我说。

"汇源，回去组织住宿的同学讨论一下，看看怎么样科学合理地安排好吃饭和洗澡的时间，晚自习不能再这样迟到了。"我给班长梁汇源布置了任务。

"好的，老师!"梁汇源爽快地回答。

方法总比问题多。我相信自己的学生一定能够想方设法解决好晚自习经常迟到的问题!

(2018 年 10 月 21 日)

看得见的效果：《方法总比问题多》一文发到班群后，住宿的学生错开吃饭和洗澡的时间，晚自习迟到的问题终于得到有效解决。

四、用教育叙事疏导学生的不良情绪

例文

输了高考，却赢得了人生

> 写作
> 起因

部分学生因为高考考得不好，情绪低落，为了疏导他们的不良情绪，我写下《输了高考，却赢得了人生》。

随着今天上午英语考试的结束，2019 年"3 + 证书"高职高考画上了句号。

中午，一位家长发信息给我说，她孩子考完出来感觉不太好。我回复她："没关系，说不定全省的考生普遍觉得难呢。"

接着，一位平时成绩很好的女同学连发几条信息给我："老师，我今早身体不舒服，考得很不好。"

"这次三科都考差了。"

"这么多年的努力全白费了。"

"平时考得再好都没用，到重要时刻却考差了。"

我连忙回复几条信息安慰她："别气馁，到时看的是排名。你觉得考题难，大家一样觉得难。"

"你数学成绩很好，平时如果考了 120 分都觉得非常差，这次考 120 分就相当不错了。"

"不要太在意，考完试放松一下。"

"知道了，谢谢老帅!" 经过我的安慰，这位女同学郁闷的心情终于有所缓解。

我本想告诉高三（10）班所有考得不理想的学生：高考考得不好未必是一件坏事情！但是，这个时候说这样的话，学生不但可能听不进去，还会觉得老师是"站着说话不腰疼"，其实，这是我的切身体会。

1985 年 7 月，我参加了人生的第一次高考。高考结束后，经过漫长的等待终于放榜了。但是，令我非常难过的是，那次高考我榜上无名！当时，我报考的是非常热门的英语专业。我的文化课总分过了，但英语专业却差 2 分没上线。身边考得好的同学有的考上了华南理工大学，有的考上了华南师范大学，有的考上了吉林大学……而我连中专都上不了！擦干眼泪后，我选择了复读。

复读的时候，我冷静地分析了自己的情况，发现在所有的科目中，自己最喜欢的科目不是英语，而是语文。我热爱语文，所以很舍得花时间用来学习语文。即使在高三最紧张的备考阶段，我仍然坚持读课外书，挤出时间来摘抄课外读物。语文才是我的最爱！虽然我的英语基础比较扎实，但我不喜欢朗读英语，英语总是读得费力而生硬。对我而言，报考英语专业其实是一个错误的选择，大学的中文系才是我最好的选择！

分析之后，我居然庆幸自己的落榜：没考上大学读英语专业，让我因此有机会去读自己最喜欢的中文专业。

经过一年的艰苦奋斗，1986 年 7 月，我第二次参加了高考。9 月，我终于如愿以偿地到大学里读上了自己最喜欢的中文专业。大学毕业后，我一直从事自己最喜欢的语文教学工作，因为喜欢，所以我能够心无旁骛，乐此不疲。在工作中，我常常不自觉地把平凡的语文教学工作视作一项不平凡的事业，并心甘情愿为之不懈努力。三十年来，语文教学工作让我快乐，给了我荣誉，增添了我的信心，充盈了我的生命。

难忘 1985 年！那年，我输掉高考，却因此赢得了自己喜欢的专业和喜欢的工作。可以毫不夸张地说，那年我输了高考，却赢得了人生！

今天，我要用自己的亲身经历告诉学生，一个人即使输了高考，也还是可以赢得人生的。

（2019 年 1 月 6 日）

看得见的效果：《输了高考，却赢得了人生》写出后，我发到了班群和家长群。很快有学生和我说："没想到老师曾经落榜复读过。"也有学生告诉我，读了我的故事后，心里好受很多了。

五、用教育叙事搭建沟通桥梁，凝聚教育合力

例文

谈的未必就是恋爱

一位家长担心孩子用手机和男同学谈恋爱，因噎废食，没收了孩子的手机，致使该生无法接收老师发布在微信上的学习任务，亲子关系一度很紧张。为了消除这位家长的顾虑，我写下了教育叙事《谈的未必就是恋爱》。

我们爱周高中允许学生带手机到学校，要求教师引导学生把手机用在学习上。在教学过程中，我精心打造了语文的微信教学平台，把大量的教学资料放在上面，几乎每节语文课都要用到手机，学生或用手机查阅资料，或在手机上朗读我推荐给他们的时文、美文。与学生相关的通知，还有语、数、英三科的作业也几乎都是通过微信发到班群里，所以学生使用手机的频率是很高的。

前段时间，我发现高三（10）班一名女生不带手机到学校，她说家长不让她使用手机，上课要用到手机时，就只能和邻座共用。有几次她迟一点回家，她妈妈很着急，却又联系不上她，只好打电话向我询问她迟归的原因。我和这位家长说，学校鼓励学生带手机到学校用于学习，建议这位家长尽量给孩子配手机。可是这位家长说："我是不会给

她手机的。"

"为什么呢?"

"我怕她玩手机影响学习。"

"我们老师会引导学生把手机用在学习上的。"

"反正我现在是不会给她手机的,等她考上大学之后我自然就会把手机给她,现在不行。"

"可是我们在教学中经常要用到手机。"

"有什么作业,麻烦您转发给我,我再告诉她就行了。"

之后我和这位家长就手机问题进行了多次沟通,终于弄清楚她没收孩子手机最主要的原因是怕孩子谈恋爱。

家长爱护孩子、保护孩子的心情我能够理解,但我不赞成家长没收孩子手机的做法。我和这位家长说:"全班同学都能够使用手机,唯独她不能,她会怎么想呢?您至少要让她在家里用一下自己的手机嘛。"

"我就是怕她用手机和同学谈恋爱。"

"人家和同学说说话未必就是谈恋爱呀。她很有可能只是和对方谈谈心。在家里用手机怕什么,您就让她谈个够吧。"

"不行!"

我无言以对。

说服不了家长,我转而安抚被家长没收了手机的学生,我多次和这位学生说:"你妈妈这种做法不可取,但她是因为爱你才这样的,你要理解她,不要因为手机而和妈妈闹别扭。"好在这位学生最终理解并谅解了妈妈,之后她专心学习,月考成绩一次比一次好。

这位家长的做法有点极端,但她的担心在家长中却普遍存在。不少中学生的家长一见孩子和异性走得比较近,多说了几句话,就非常紧张,担心孩子是在谈恋爱。其实,这种担心在很多时候是多余的。男女同学年龄相仿、经历相似,在同一个班集体中学习,有相同的老师和同学,有相同的学习内容,他们可以谈的话题有很多,他们可以谈老师、谈同学、谈语文、谈数学、谈英语、谈理想、谈未来……只要我们深入了解,就不难发现很多男女同学虽然无所不谈,但是他们谈的未必就是恋爱。作为家长和老师，我们不用禁止男女同学之间的正常交流，只需要引导他们暂时不要谈恋爱，教育他们在交往的过程中要把握尺度，不要越界，不要踩红线。

男女同学之间有交往、有交谈，这是再正常不过的事情。一发现孩子与异性有交往、有交谈，就把这种交往、交谈定性为谈恋爱而横加干涉，甚至采取极端的手段，切断孩子与外界的联系，这种做法不可取，处理不好会让孩子产生强烈的逆反心理。

各位家长，如果发现孩子经常与异性交谈，请不要过于紧张，因为他们谈的未必就是恋爱。

(2018 年 11 月 17 日)

看得见的效果：《谈的未必就是恋爱》在家长和孩子之间搭起沟通的桥梁，增进了家长与孩子之间的相互理解，凝聚起教育的合力。

六、用教育叙事鼓励和支持班干部

例文 ①

是挑战，也是机遇

写作起因

在我的鼓励下，班长邓建菲经过努力，终于适应了工作，我写下《是挑战，也是机遇》给予她更多的鼓励。

9月19日那天，7班开了第二次班会。这次班会的主题是考研动员。在进入主题之前班长邓建菲通报了开学以来班里的情况，说到同学们不积极参加学校的一些活动时，小邓颇为焦急。说着说着，她几次哽咽停下。我当时着实为她捏了一把汗。

会后，我发短信鼓励小邓："第一次成功主持班会，你已经做得很好了，慢慢来，不要给自己太大的压力。"

我一边给小邓鼓劲加油，一边很担心她，生怕她被压力压垮。我当时甚至觉得通过抽签选班长这种方式不是很好——让没有做好思想准备的学生突然当上班长，压力太大了。

一段时间过去了，现在小邓的情况怎样呢？今天我发短信问她："当班长已经一个月了，你有何感想？"

小邓很快回复我："这一个月的时间让我对班长的工作有了初步的了解，助理班主任很热心地帮助我熟悉相关的工作流程，对于班长工作我越来越得心应手了。"

我能感受到，小邓此时的心情是愉悦的。

"你终于适应了班长的工作，可喜可贺！"我祝贺小邓。

我告诉她："上次开班会，我感觉到你的焦虑，为你捏了一把汗。我当时甚至觉得通过抽签这种形式来选班长不好，让一个没有做好思想准备的学生突然当上班长，压力太大了。"

"刚开始的时候，我压力是挺大的，主要是担心自己不能很好地平衡学习和工作，现在我学习和做事的效率都提高了，感觉好多了。"通过短信，我感受到了小邓的轻松。

小邓通过抽签当上班长后，短时间快速成长起来。看来毫无思想准备就当上班长，对小邓来说，是巨大的挑战，也是快速成长的机遇。

（2023 年 9 月 30 日）

看得见的效果：小邓读了《是挑战，也是机遇》后，信心更强、劲头更足，工作也越做越好了。

例文 2

敢于要求

班干部要求班里同学尤其是党员及入党积极分子、入党申请人积极参加校运会，要求他们到现场给运动员加油鼓劲。作为班主任，我感到高兴，用《敢于要求》一文肯定和支持班干部的工作。

校运会开始之后，7班的党务委员周坤怡积极发动同学们尤其是党员及入党积极分子、入党申请人去给运动员加油鼓劲，让参赛同学受到鼓舞。

今天中午，坤怡再次在班群里动员同学们去现场给班里参赛的同学加油："下午金联跑1 500米，大家没有其他活动的话都去给金联加油吧！1 500米是很考验耐力的，也很辛苦，希望大家都能去给金联加油。"

坤怡还在班群里列出20多名同学的名单，并发短信说："以上同学不仅有党员也有入党积极分子和入党申请人，希望大家下午都能去现场加油，充分发挥党员的先锋模范带头作用。"

对坤怡的表现我非常满意，发短信表扬她："像今天，你把党员、入党积极分子和入党申请人的名单列出来，要求大家去为参赛的同学加油鼓劲，这样就很好！"

我很支持她："你做得对！对党员、入党积极分子和入党申请人要敢于提出要求，而且这样的要求也不过分，如果我们的党员、入党积极分子和入党申请人连去给自己班里参赛的同学加油鼓劲都做不到，在关键时刻又怎么能起到先锋模范带头作用呢?"

"是的，老师说得对。"坤怡回复我。

(2023 年 12 月 2 日)

看得见的效果：班里学生积极参与运动会，纷纷到比赛现场为参赛同学加油鼓劲，还有学生积极写作，用文字展现参赛同学的风采。此后，班干部们更加大胆地开展工作了。

七、用教育叙事引导学生积极主动服务班集体

例文

班长岗位无人问津

写作
起因

开学初，我所带的 7 班没有一个学生报名竞选班长，我深感遗憾，写下《班长岗位无人问津》，期待在下一轮班干部的竞选中学生能积极参加竞选、主动服务班集体。

7 班本学期第一次班会在今天上午举行，作为班主任，我全程参加了这次班会。这次班会的重头戏是竞选班干部。在我的想象中，大学生竞选班干部应该是激烈而精彩的，因此我对接下来的竞选充满期待。

可是，情况却出乎我的意料，7 班班干部竞选出现了冷场，从竞选现场可以看出，除了竞选生活委员的蔡子珍和竞选心理委员的金玉等同学做了比较充分的准备，其他同学的"竞选演讲"三四句话就结束了。竞选 12 个岗位所用时间总共不到半小时。最令我想不到的是，虽然主持班会的黄奕均同学几次热情鼓励大家竞选正副班长，但正副班长的职位最终还是无人问津。

按照大家的约定，无人竞选的岗位通过抽签选人。最终 7 班的同学通过抽签的形式选出了正副班长。

对于这个结果我多少有点失望。黄奕均同学发短信安慰我："老师，

当时虽然没有同学竞选，但是我们通过抽签选出来的正副班长把班级工作都开展得很好哦！"

看了奕均的短信，我放心了一点。接着，我和抽签选出来的班长邓建菲加了微信。我问她："你为什么不竞选班长呢？"

建菲说："之前考虑考研，担心不能很好地服务同学们。"

"现在感到有压力吗？"我问。

"有一点点。"

"你抽签抽中了班长。"

"是的。"

"手气不错，恭喜你！"

"手气确实很好。"

"一来就'捡'到一个很好的锻炼机会。"

"是的，李老师，我会加油的。"

"我支持你，加油！"

"谢谢李老师！"

虽然通过抽签选出来的班长也令我信任和放心，但我还是希望在下一次班干部的竞选中学生都能积极主动地参加竞选，不再用抽签的方式来确定班干部。

（2023 年 9 月 9 日）

看得见的效果：这篇教育叙事发到 7 班班群后，我收到部分同学的阅读反馈，他们表示不会辜负我的期待，一定会积极参与下一轮的班干部竞选，争取机会服务班集体。

八、用教育叙事增强班集体的凝聚力

例文 1

机会来了

　　运动会是一个增强集体凝聚力的宝贵机会，我写下《机会来了》，号召全班同学积极参与校运会，期待借运动会来增强7班的凝聚力。

　　开学以来，我总觉得7班有点沉闷，学生对学校的活动缺乏积极性，班集体也有点松散，凝聚力不够强。我一直在寻找恰当的机会，想要改变一下7班这种不太理想的状态。机会终于来了，那就是明天的校运会。

　　下午我首先打电话给班里的党务委员周坤怡："坤怡，目前我们班有多少名党员？"

　　坤怡告诉我："党员7名、入党积极分子11名、入党申请人5名。"

　　"人数不少。"我说。

　　"是的，老师，我们班的党员是全年级最多的。"

　　"很好啊！我们班有这么多的党员，这么多的入党积极分子和入党申请人，我们要充分发挥党员的先锋模范带头作用，同时要给入党积极分子和申请入党的同学表现的机会。"

"是的，应该是这样。但之前我们班党员同学的先锋模范带头作用还没有充分发挥出来。"

"校运会是一个很好的时机，我们要抓住这个时机发挥党员、入党积极分子和入党申请人的带头作用，带动全班同学积极参与校运会，到校运会现场给我们班的运动员加油鼓劲。这样不但能让我们的运动员受到鼓舞，还可以增强班集体的凝聚力。"

"好！我等一下就发通知让党员、入党积极分子和申请入党的同学都去做啦啦队队员。"

接着我给班长邓建菲和体育委员闲金联打电话，商量怎样组织同学们去给自己班的运动员加油鼓劲，还打电话给宣传委员辜幼璇，商量能不能组织一些同学写一写自己班同学比赛的情况。几位班干部都表示要扮演好自己的角色，做好自己应该做的工作，为建设好班集体努力。

和几位班干部通话之后，我在班群里看到他们发的短信。

党务委员周坤怡：

明天的校运会有我们班华瑞、金联、镇弟三名同学参加，请班上的党员、入党积极分子、入党申请人明天都过去给这三位同学加油哦，发挥党员先锋模范带头作用。预祝三位同学旗开得胜，取得理想成绩！

体育委员闲金联：

校运会是学校举办的重要活动之一，我们相聚在这个学校是一种缘分。校运会体现的是集体荣誉，大家积极去观看，感受我们准备了一个多月的训练成果。比赛必定是激情澎湃、活力四射的，开幕式准备的演出也是丰富多彩的，大家可以带着满格电的手机，去拍照留念，照片和视频在以后会成为我们珍贵的回忆。

班长邓建菲：

同学们晚上好，明天是校运会，我们班有同学积极参加了比赛，所以，明天大家没有特殊情况的话（如：已经参加志愿活动和协助校运会开展工作），都要去为我们班的运动员加油鼓劲，尤其是我们班的班干部和入党积极分子。

宣传委员辜幼璇：

明天校运会就要开始了！我们班的华瑞、金联、镇弟三位同学会参加比赛！观看比赛过程中如果有心得体会大家可以写一写，无论长短都可以，可以发在《椰风》或者班级交流群中，为我们班的运动员加油！同时我也会做好相关报道。我们一起为他们加油鼓劲吧！

体育委员闲金联还把 7 班同学参赛的相关信息发在班群里，方便同学们前往观看加油。

12 月 1 日 8：30，团体赛是体测的项目，单项有跨栏、铅球。
参赛人：杨华瑞、梁镇弟、闲金联。
12 月 2 日 14：50，1 500 米，6 道。
参赛人：闲金联。

明天的校运会，一个增强 7 班凝聚力的机会来了，我们要抓住它。

（2023 年 11 月 30 日）

看得见的效果：我的号召得到 7 班同学的积极响应，他们或在赛场上奋力拼搏，为班争光；或到比赛现场为参赛同学加油鼓劲；或及时写稿，给参赛同学点赞、喝彩。校运会后，7 班的凝聚力明显增强。

例文 2

这才像一个集体

写作起因

> 7班凝聚力有所增强，作为班主任，我写下《这才像一个集体》给予肯定，并期待同学们继续努力，共同建设优秀的班集体。

岭南师范学院第三十届学生运动会闭幕后，7班的辜幼璇、周坤怡、蔡素婷、陈曦捷四位同学写了通讯稿和感想，发在班群里，得到同学们的热情点赞。

辜幼璇：团结一致向前进

12月1日，校运会比赛如火如荼地在我校举行，运动健儿激烈角逐，呐喊鼓舞声此起彼伏，这是一场别开生面的体育赛事，更是2021级汉语言文学专业7班与岭师相遇的第一场赛事。我们班参赛的同学有杨华瑞、梁镇弟和闲金联三位，比赛的项目包括跨栏和铅球，这需要参赛选手展现出身体的敏捷和力量。他们是代表班集体参加校运会的优秀运动健儿，因此都备受期待。

首先进行的是铅球比赛，这是一项需要爆发力和稳定性的项目。杨华瑞同学率先出场，他用力甩出的铅球稳稳地落在了远方的区域，观众掌声雷动。接着是闲金联同学，他的表现同样出色，每一次出手都引来了观众的欢呼。

接下来是跨栏比赛，这是一项考验综合素质的项目，既需要速度，也需要技巧和耐力。梁镇弟同学在瞬间起跑后就以极快的速度向前冲去，她高超的技术和卓越的表现让人震撼不已。她身姿矫健地跃过每一个跨栏，不断地努力向前冲，最终以1分46.99秒的优秀成绩获得女子跨栏第四名！

通过这次比赛，我深刻地感受到了班集体的凝聚力。每个人的加油和鼓励都给参赛选手输送了坚持的力量。我也深刻体会到了体育比赛的魅力，它不仅仅是竞技，更是一种精神的升华。在比赛中，每个人都在挑战自己的极限，克服困难，勇敢前行。正是这种拼搏精神，让我们更加坚定、勇敢。体育比赛不仅让我们的身体变得更加强壮，也让我们的心灵变得更加富足。每一个坚持不懈的人，都值得我们敬佩和学习。

周坤怡：1 500 米决赛

在12月2日下午的校运会上，金联参加了1 500 米的决赛。

1 500 米是一项辛苦且十分考验耐力的长跑运动。长长的赛道，一圈又一圈，金联的汗水挥洒在绿荫道上，即使是在体力透支的情况下，他依旧没有停下来，而是咬紧牙关，稳步前行，坚持跑完了全程。

金联跑过一圈又一圈，凤竹、曦捷、素婷等同学都在跑道旁边为他加油鼓劲："金联，加油！金联，加油！慢慢来，不着急！"凤竹甚至都喊破了音。凤竹、素婷、曦捷等同学陪着金联进行了最后的冲刺，冲过终点时大家都为金联的勇气和毅力鼓掌。

比赛结束，虽然最后没有取得很好的成绩，但在这个过程中7班同学表现出来的凝聚力和团结却比名次更珍贵。我佩服金联，佩服他的勇气！运动员不是单枪匹马地在战斗，起点我们在，终点我们亦在。

通过这次比赛，我感受到7班的凝聚力在增强，同学与同学之间的关系也在拉近。愿来自五湖四海的7班同学都能在以后的日子里融洽相处，一起成长。

蔡素婷：坚持就是胜利

12月2日下午，我与小伙伴们来到了操场，专业组选手正在比赛，现场气氛十分热烈。很快1 500 米第一组选手开始比赛了，选手们在赛场上挥洒汗水，比赛进行到最后一圈时，有些同学早已开始冲刺，但有一位选手还在距离终点两百多米的地方，他脸色苍白，看起来十分疲惫，但他一刻也没放弃，一直坚持跑着，直到终点，才终于坚持不住倒下了，这让我与小伙伴们十分紧张，因为接下来就是我们班金联同学的比赛了。

我们站在终点附近，紧张地看着站在起点的金联同学。一声枪响，比赛开始了，金联同学冲在最前面，渐渐与后面的同学拉开了距离，我和小伙伴们使劲为金联加油呐喊。一圈接着一圈，金联的脚步渐渐慢了下来，毕竟1 500米不仅需要耐力也需要体力，这时候我们都十分紧张。但金联同学并没有因此而放弃，他咬紧牙关，慢慢又开始加速了。终于到了最后一圈，坤怡、凤竹跑到了赛道旁边，为金联陪跑，最后他们一同跑向了终点。

比赛结束了，在此过程中我感受到了我们班强大的凝聚力，也从金联同学身上感受到了所有运动健儿体现出来的坚持不懈的精神。愿我们班能够凝聚起来，一同努力，坚持不懈地实现目标。

陈曦捷：是一次体育盛宴，更是一场青春的狂欢

这周五、周六两天学校举办了师生校运会，我们班的三名同学也参与其中，而我观看的内容主要是运动会的开幕式和闲金联同学的1 500米长跑。

能参加校运会开幕式，我感到非常开心！校运会是一个非常有趣和充满活力的活动，它不仅能够增强团队合作和竞争意识，还能锻炼身体和增进友谊。在开幕式上，同学们精神面貌焕然一新，老师们帅气漂亮，令我难忘。当我们文传学院方阵走进大家的视线时，运动员挥起手中的彩棒，传递着内心的激动。请给予文传学院最热烈的掌声！

令我心生佩服的是我们班闲金联同学的1 500米长跑。1 500米是耐力和体力的比拼，闲金联同学用尽全身力气冲向终点，这种精神和毅力是我们需要学习的。比赛中，金联跑第一圈时的那一股猛劲着实令我佩服，即使跑得再苦再累，他都坚持下来了，这种拼搏的精神值得大家学习。

这次校运会不仅是一次体育盛宴，更是一场青春的狂欢。它让我们

看到了同学们的热情和拼搏精神，也让我们感受到了青春的活力和美好。我相信，在未来的日子里，我们会更加珍惜时光，更加努力地追求自己的梦想。

看了这些文章和热情洋溢的点赞，我受到感染，也在班群里写了几句话："有人积极参赛，有人到现场加油鼓劲，有人接着写稿记录，这才像一个集体。如果在一个班里，没有团结互助，大家各做各的事情，这个班就不是一个集体，而是一盘散沙。"

我的话得到同学们的热情回应。

"老师说得对，集体就是要团结互助！"

"团结互助才是一个集体。"

"感谢老师耐心引导我们班朝着更好的方向迈进，并且细心地记录我们班的成长。相信我们班会越来越好的。"

"大家一起努力，建设更好的 7 班。"

"谢谢老师的用心记录、同学们的呐喊助威，我感受到 7 班团结的一股气、一股向上的力量。"

"谢谢老师的用心记录还有同学们的加油，我们一起克服各种困难，并不断迎难而上。"

"一起加油！"

在有点寒冷的冬日里，看到同学们热情的回应，我的心暖暖的，忍不住把他们的文章和话语都记录下来。

（2023 年 12 月 3 日）

看得见的效果：《这才像一个集体》发到班群后，同学们纷纷点赞、点评，语言中洋溢着满满的自豪感，7 班的凝聚力进一步增强。

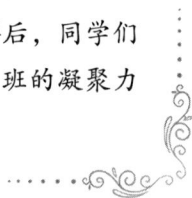

九、用教育叙事拉近师生之间的距离

例文 ①

我的 7 班

　　在了解自己所带的 7 班学生的情况后，我对他们是满意的、欣赏的、充满期待的。我写下《我的 7 班》，告诉 7 班学生：我很乐意当他们的班主任。

　　好几年不当班主任了，这些年里也教了不少班级、不少的学生，但总感觉这些班级、这些学生与自己关系不大。一届又一届的学生似乎只是我教育生涯里的匆匆过客，只有极少数学生会给我留下深刻的印象。

　　一个教师，不当班主任就会有这样的遗憾。因为这个缘故，本学期学院安排我当 2021 级汉语言文学专业 7 班的班主任时，我虽然怕做不好工作，有所顾虑，但更有欢喜——我终于又有一个自己带的班了。

　　开学以来，我通过多种方式对 7 班的学生进行了解，掌握了学生的一些基本情况：

　　我的 7 班是一个专升本班，一共 49 人，有 41 位女同学，8 位男同学。

　　我的 7 班学生政治思想水平普遍较高，班里有 3 名党员、4 名预备党员，一批入党积极分子、39 名共青团员；更令我佩服的是，班里有 4

名退役军人，他们有参军入伍、保家卫国的光荣履历。

我的 7 班大多数学生热爱语文教育，全班 49 名学生，有 32 名学生在专科阶段读的是语文教育专业。

我的 7 班所有学生追求进步，努力拼搏，锐意进取。他们专科毕业之后不满足于现状，克服种种困难，学习能力不断提升，终于在专升本的考试中梦想成真。如今，他们又有了新的目标与追求……

有这样一批有理想、有追求的年轻人，我的 7 班必定是一个蓬勃向上的集体，我对 7 班的每一位学生都充满期待。

（2023 年 9 月 28 日）

看得见的效果：《我的 7 班》消除了我与 7 班同学认识不久的陌生感，同学们与我的关系逐渐拉近，他们愿意与我一起建设我们的 7 班。

例文 ②

7 班的同学有点冷

写作
起因

很长一段时间里，我感到自己所带的 2021 级汉语言文学专业 7 班的同学冷冷的。我写下《7 班的同学有点冷》这篇教育叙事，表达想与他们建立温暖的师生关系的愿望。

开学以来，我在 2021 级汉语言文学专业 7 班的班群里发了不少文章，其中大部分是我写的教育叙事。奇怪的是，同学们几乎没有什么反应。

老师发文章到班级群里，如果很多同学都跟着发信息说"收到"或发点赞、感谢类的表情包也不好，因为大量的这类信息发在班群里可能会把一些重要的信息淹没掉。但几十名同学看到老师尤其是班主任发的文章后都没有一点反应就显得有点冷了。更何况，我发的这些文章中，有四篇（《班长岗位无人问津》《我的 7 班》《最近班里情况如何》《又见抽签》）是写 7 班的，与 7 班同学有直接的关系。作为班主任，我特别想知道大家看了这四篇文章之后的感想。可惜，我没有看到大家的只言片语。

我感到 7 班的同学有点冷。他们为什么会这样呢？

我想，或许与他们的经历有关。7 班是专插本班，这个班的同学与同级的其他班的同学相比年龄稍微大一点，社会经历也更丰富一点，人也显得更为成熟冷静一些。在班群里一见到老师发东西就马上点赞或感谢这样的事情他们一般不会做。

7 班的同学有点冷，与我也有很大的关系。虽然我是 7 班的班主任，但这个学期却没有上他们班的课，与他们接触比较少，再加上我与他们年龄相差 30 多岁，难免有代沟。另外，我这个学期除了要上四个班的课程，还要指导大四 80 名同学的实习，工作量比较大，因此对 7 班的同学关注不够，了解不深。这些都是致使 7 班的同学与我关系冷淡的原因。

我一直认为师生关系应该有边界，不主张学生称师为兄、称师为姐、称师为妈，但师生关系太冷也不行。接下来，我要多靠近 7 班的同学一点，与他们建立起温暖的师生关系，这样冷下去是不行的。

（2023 年 11 月 23 日）

看得见的效果：这篇教育叙事让 7 班的同学了解到班主任的诚意，让师生关系多了一些温度。

例文 3

最近班里情况如何

写作起因

作为班主任，我时时关注班里的情况。写下《最近班里情况如何》，告诉学生，我一直关注着他们。

虽说大学生已经有能力自主管理，不需要老师操心，但作为班主任，我还是牵挂着自己的 7 班，时不时要过问一下班里的情况。

星期一我向部分班干部了解 7 班最近的情况。

"最近班里情况如何？"我问体育委员闲金联。

金联回复我："最近班里的情况不错。同学们在学习上态度端正，认真听讲，积极参与课堂讨论，都很好地完成了学校以及老师布置的任务。乐跑、院运会、征文比赛也有很多同学积极参加，并取得了不错的成绩。"

"那就好！"

"最近班里情况如何？"我问副班长黄静暖。

静暖回复我："最近班里情况都挺好的，除了请假这些特殊情况之外，同学们的出勤率为100%，学习氛围日渐浓郁，上课抢答率也挺高的，同学之间也在慢慢熟悉。"

"那就好！"

"最近班里情况如何？"我问文娱委员黄奕均。

奕均回复说："老师，最近班里情况一切都好。"

"那就好！"

"最近班里情况如何？"我问党务委员周坤怡。

坤怡回复说："挺好的，同学相处融洽，对于学院的工作大家都很配合。"

"那就好!"

"最近班里情况如何?"我问团支书吴爽。

吴爽回复我:"没有特殊情况,大家学习都挺认真的。"

"那就好!"

最后,我问班长邓建菲:"最近班里情况如何?"

建菲回复我:"老师,班上目前没什么事。"

我很高兴,回复她:"没什么事就是好事。"

（2023 年 10 月 25 日）

看得见的效果：越来越多的学生愿意和我说心里话,有困难他们也主动找我商量解决。

例文 **4**

又见抽签

　　作为 7 班的班主任，虽然我不赞成 7 班学生经常用抽签的方式来解决问题，但我能够理解和尊重他们。又一次看见学生抽签之后，我写下《又见抽签》，表达对他们的理解和尊重。

　　这个学期之初，我所带的 7 班通过抽签的方式来确定谁当班长。当时我有点惊讶：班里有 3 名党员、4 名预备党员、一批入党积极分子，有 39 名共青团员，还有 4 名退役军人，怎么就没有人主动竞选班长呢？除了惊讶，我还有点遗憾，觉得 7 班的学生对班集体的工作缺乏积极性。

　　到了 9 月底，我在班群里发现 7 班的学生又来抽签了，这次他们要通过抽签来决定由哪位同学去参加国庆升旗仪式。国庆升旗本来是很有意义的活动，为什么没有人报名，要通过抽签来确定哪位同学去呢？我想不通。为此，我通过微信联系了体育委员闲金联："金联，为什么要通过抽签来决定哪位同学去参加国庆升旗呢？"

　　"这个通知是叫我直接选人，但我如果直接选了，他们可能会觉得不公平，会有'为什么选我不选其他人'这种想法，于是我选择了抽签。"

　　"怎样选人问题不大，"我说，"不过我觉得，如果鼓励同学们主动参与这些活动会更好一些。像国庆升旗这种活动是非常有意义的。我们的党员、团员本应该积极参与才对。"

　　"可能是我没有讲明白，他们不太清楚吧，我也留了一天时间让他们自己报名。如果没人报名就通过抽签来决定。"金联回复我。

可能是怕我失望，金联补充说："本来是有人报名的，但那位同学突然有事去不了。接着又没人报名，这才选择抽签。"

"没关系，以后我们可以鼓励同学们积极参与学校的各项活动。"

"好的，谢谢老师指导。"

我当时很想开一次班干部的会议，由班干部带头积极参加学校和班级的活动，但又怕干预过多不好，决定先观察一段时间再说。

11月7日，班群里又发起了抽签的小程序，这次7班是通过抽签来决定试讲的顺序。这种抽签很正常，我不觉得奇怪。

我了解到，虽然7班很多工作的开展都要靠抽签，但班里的各项工作进行得有条不紊，情况也越来越好。

今天我看见班群里团支书吴爽发了一则通知：

大家好，周日团日活动由我们班和6班一起开展，以下是我们班所需准备的内容：第一，总主题：走在前列，青春建功：①新时代的挑战；②走近时代楷模；③勇担时代重任，争做有为青年（以宿舍为单位做PPT，1人进行分享汇报，时间不少于7分钟）。第二，知识竞赛查找（1个宿舍）：①击鼓传花音乐；②团课知识竞赛资料（80题左右，含答案）。稍后我会在舍长群发起抽签，由抽到的宿舍完成相应的任务。

又见抽签，我见多了就不感到奇怪了。我想，工作正常开展，情况越来越好，说明学生常用的抽签也是一种很不错的工作方式。

（2023年11月22日）

看得见的效果：7班的学生在我的理解和尊重下，继续按照他们自己喜欢的方式解决问题，他们把自己的班集体管理得很好。

例文 **5**

终于有了共同话题

> 作为 7 班的班主任，我一直在思考怎样才能拉近我与这个班同学的距离，今年 4 月，我终于找到了"教学"这个我与 7 班同学的共同话题，心里非常高兴。我相信，这个共同的话题，一定能够拉近我与 7 班同学的距离。

当 7 班的班主任已经一个多学期了，可是我总觉得同学们离我很远。作为班主任，我一直想靠近他们，了解他们，服务他们，可是很难找到合适的机会。

去年 10 月份至今，主动联系我的只有几个同学，其中有两个同学因事请假，有一个同学发信息让我了解学校是否组织心理 C 证考试，有一个同学让我帮她找一位老师的联系电话，另外有一个同学让我帮忙了解教师资格证的考试情况。再就是班长找我帮忙申请教室用以开班会。此外，没有其他同学主动联系过我。我与 7 班同学的距离太远了，师生之间存在着不应该有的淡漠。我常常问自己：我像是他们的班主任吗？

7 班同学与我距离太远了，我一直想走近他们。或许是这个缘故，每次 7 班有同学主动联系我，我都很高兴，哪怕是他们有事找我帮忙，我也不觉得麻烦。可是，时间一天天地过去，作为 7 班的班主任，我被同学们麻烦的机会还是少之又少。

师生关系如此淡漠，除了我的班主任工作不够深入，还有一个原因就是我当他们班主任以来，除了班会课，我一直都没上过他们班的课。

我常常想：如果我能上他们班的课就好了，或者他们主动问我教学方面的事情就好了，那样我和他们之间就有了共同的话题，师生之间的淡漠关系就有望改善。我期待着。

今天，7班终于有同学主动联系我，请教教学方面的问题了。

"老师，下午好呀！我想请教一下关于教学技能大赛的问题。想问一下老师，12分钟的教学设计，我需要分清楚第一、二课时吗?"收到7班小陈请教的短信，我感到很高兴，第一时间回复她："不用，你就设计12分钟教学内容即可。"

"那如果是考编的话，需要分清楚第一、二课时吗?"

"考编时就算给的时间比较短，也不需要分课时。"

"老师，我最近在尝试去学习考编面试的内容，没有方向，比较迷茫，您可以给点建议吗?"

我建议小陈要充分利用好课本："中小学语文课本的单元导读、预习以及课文后面的'思考探究'和'积累拓展'体现了编者的意图——教师要教什么，学生要学什么。在教学设计和教学实践中，落实好编者的意图，就能较好地完成教学任务。"

小陈又问："如果是参加教学技能大赛，我可以在第一环节导入，在第二环节朗读和简单提一下生字，在第三环节讲文章的大概内容和体会与情感，在最后一部分总结吗?"

"常规教学可以这样，但参加教学技能大赛所讲内容要出彩必须有创新才行。迟一点我发一些省级教学技能大赛获奖的视频给你参考一下。"

"好的，谢谢老师！"

小陈还问了好些问题，我都一一解答了。

今天7班终于有同学主动问我教学方面的问题了。这个学年我只是7班同学的班主任，不是他们班的任课老师，但作为教授语文课程教学论的老师，我是可以在教学方面给他们一些指导的。

我终于找到了与 7 班同学的共同话题——教学。以后我可以用"教学"这个共同的话题来密切我与 7 班同学的联系了。

(2024 年 4 月 17 日)

看得见的效果：《终于有了共同话题》是我伸向 7 班同学的橄榄枝。这篇教育叙事发出之后，7 班很快就有同学主动向我请教中学语文教学设计的相关知识，还有同学主动和我讨论参加教学技能大赛应该注意哪些问题。

教育叙事促使高三（10）班发生华丽蜕变

高三（10）班的学生入读爱周高级中学时分数较低，文化基础不好，进入高三时很多学生仍然无心向学，纪律散漫，很多家长不敢奢望自己的孩子能考上大学，有的家长甚至因为失望而对孩子不管不问。但是这个班绝大多数学生都考上了大学，其中5名学生的文化课分数超过了本科线，这是学生、家长当初想也不敢想的事情。除了学业，学生在其他方面也有了长足的进步。他们成功地实现了低进高出的华丽蜕变。这个班能有这样的蜕变，原因是多方面的，但我觉得我为他们写的53篇教育叙事功不可没。

教育叙事对高三（10）班学生产生深远的影响

高三（10）班学生毕业之后——

一、他们考上大学，继续深造

这个班绝大多数学生都考上了大学，其中5名学生的文化课分数超过了本科线。他们走进广东轻工职业技术学院，走进广东行政学院，走进广东环境保护工程职业学院，走进阳江职业技术学院，走进广州松田职业学院……在大学里，他们继续深造，努力提高自身的能力。

二、他们参军入伍，报效祖国

高三（10）班44名学生中有6人在高中毕业或大学读书期间或大学毕业之后，参军入伍，报效祖国。

三、他们艰苦创业，不言放弃

高三（10）班部分学生高中或大学毕业后，自主创业，他们有成功的经验，也有失败的教训。他们有人失败不止一次，但仍然不言放弃，仍然对生活充满希望，仍然敢于从头再来。

四、他们努力工作，热爱生活

李星宇：

我高中毕业以后，考上了东莞市技师学院，现在在北京从事通信技术方面的工作。我被自己喜欢的公司录用，很幸运，也很感谢老师们的栽培。

叶明超：

高中毕业以后，我考上阳江职业技术学院，现在在广州发展，从事游泳教学培训工作。对生活，我有这样的体会：不管遇到什么坎坷，我们都应该乐观面对，没有什么是过不去的；专心做好一件事，机会只留给有准备的人。

骆丁丁：

高中毕业以后，我考上了广东行政学院。毕业后，我用了近半年的时间去探索、去感受新事物。现在，我从事外贸服装这一行业，感觉特别合适。我努力尝试着各个方面的业务，想成为一名合格的销售员，通过自己的跌跌撞撞和无数次的试错摔倒再爬起来，慢慢地证明自己，撕下实习生的标签。我虽愚笨，但从来没有停下脚步，希望在未来的漫漫长路中，脚踏实地，实现自我价值。

梁宗坤：

高中毕业以后，我考上广州松田职业学院，现在在霞山从事餐饮工作，当上了经理。谢谢李雅老师在高中时候给予我的教导，不然我应该是考不上大学的。现在我有了自己的餐厅，也有了喜欢的工作。我的爱好是夜跑和健身。我的座右铭是热爱漫无边际，生活自有分寸。

韩梦园：

我高中毕业以后，考上了广东环境保护工程职业学院，现在在佛山面包店从事面包师工作。我坚持自己所感兴趣的事业，勇敢做自己想做的事情。工作没有不辛苦的，那为啥不干一份自己感兴趣的工作呢？

教育叙事引领 7 班越变越好

作为班主任，我为岭南师范学院文学与传媒学院 2021 级汉语言文学专业 7 班的学生写下《是挑战，也是机遇》《敢于要求》《班长岗位无人问津》《机会来了》《这才像一个集体》《7 班的同学有点冷》《又见抽签》等一系列的教育叙事，表扬激励和教育批评他们。一个学期过去后，7 班各个方面有了明显的改观，学生的精神面貌发生很大的变化。这个班集体变得越来越好，令人刮目相看。

运用教育叙事 助推学科教育

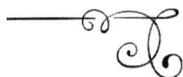

用教育叙事给学生以学法指导，用教育叙事增强学生的学习信心，用教育叙事培养学生良好的学习品质，用教育叙事记录学生成长的轨迹，用教育叙事展示学生的进步和学习成果，用教育叙事引导学生学会学习，用教育叙事呈现教改过程与成果……教育叙事在学科教育中扮演着重要的角色。

一、用教育叙事给学生以学法指导

例文 1

写作起因

告别"网上抄",坚持"自己写"

我所教班级的学生在写作中存在严重的抄袭现象,故写下《告别"网上抄",坚持"自己写"》进行引导。

教 2016 届高三(6)班的时候,我给学生布置了一道作文题,要求大家写一写自己的爸爸妈妈。我在批改作文的时候吃惊地发现,不少学生把网上别人写爸爸妈妈的文章抄到自己的作文里。评讲作文的时候,我说:"一些同学把网上别人写爸爸妈妈的文章抄到自己的名下,这样一来,我们这些同学不就变成别人家的孩子了?"教室里笑声一片,抄袭作文的学生也忍不住笑了起来。但是笑归笑,他们似乎没有从中受到教育。在下一次的作业中,我仍然发现有多篇作文存在严重的抄袭现象。

学生作文中多次出现的抄袭现象让我意识到问题的严重性。为了杜绝抄袭现象,我号召学生告别"网上抄",坚持"自己写"。

我多次对学生进行思想教育,告诫他们必须停止抄袭!主要原因有三个：第一，抄袭是对他人劳动成果的不尊重，是不道德的行为。抄袭不是小问题，而是关乎一个人道德品质的严重问题。第二，长期抄袭别人的文章，会养成逢写必抄的恶劣习惯。一旦养成抄袭的习惯，纠正起来就相当困难。第三，长期抄袭别人的文章，会让自己逐步丧失写作的信心和能力。中学时代是练习写作的黄金时期，如果错过了这个至关重要的练笔时期，对学生自己将是无法弥补的损失。

在指导同学们写作时，我采用"一问二查三指导"的方法来应对抄袭行为。如果发现某一篇作文有抄袭的嫌疑，我会找来该文的作者了解情况。对自尊心很强的学生我会委婉地问："写这篇作文时，你有没有模仿别人的文章？"对乐观开朗的学生我会很直接地问："老实交代，有没有抄别人的文章？"问过之后，我还要上网查一查，确认一下，一旦发现有抄袭行为，我会找来该生谈话，批评其错误的做法。批评过后，我会鼓励该生要相信自己的写作能力，并指导其用自己的语言来表情达意。

经过一段时间的纠正，学生的学风明显好转，抄袭现象逐渐减少，越来越多的学生告别"网上抄"，坚持"自己写"。随之改变的是，他们的作文水平有了大幅度提高。在高三那一年中，高三（6）班的学生出了两本作文集。其中，第一本作文集收录了学生的优秀作文52篇，一共4万多字；第二本作文集《起航》收录了70多篇，一共8万多字。在2016年的高职高考中，高三（6）班学生的语文成绩取得了重大突破，平均分达到82分，多名学生的分数超过100分。2016届高三（6）班是职中班，学生的语文基础普遍不好。这个班的学生能够在高三那一年编印出两本作文集，并在高考中取得良好的成绩，在很大程度上得益于告别"网上抄"，坚持"自己写"。

继2016届高三（6）班之后，每迎来新一届的学生，我都要求他们告别"网上抄",坚持"自己写",按照要求做的学生写作水平都有明显的提高。

(2018 年 10 月 4 日)

看得见的效果：写作中，越来越多的学生开始观察和思考，开始"我手写我心"，抄袭现象明显减少。

例文 2

从新的角度写妈妈

学生写作创新意识不强，取材陈旧老套。

上午第五节课一下课，美术班的几个同学到讲台前来向我请教作文应该怎样写，其中一个同学问我："老师，人物应怎样描写？"

"你这个问题太大了，一下子很难讲清楚。"我笑着说。

"您不是写了您的妈妈吗？您就说说您是怎样写妈妈的。"这个同学说。

"老师，您讲一讲您是怎样写的吧。"其他几个同学也提出了这样的要求。

"好吧。我就从选材方面讲讲怎样写妈妈。"我说，"你们也都写过自己的妈妈，我发现你们写妈妈的文章里最突出的问题是角度和题材陈旧。你们写妈妈时常常是这样写：妈妈每天做好吃的给自己；天冷了，妈妈给自己送来衣服；下雨了，妈妈冒雨来接自己；自己生病了，妈妈日夜看护；自己熬夜学习，妈妈端来一杯热腾腾的牛奶……"

"我说得没错吧？"我问他们。

几个同学都笑了。

"从小学到高中，有些同学年年都写与妈妈有关的文章，可是年年角度不变，题材不变，都是写妈妈怎么关心自己的生活，内容显得陈旧老套。"我说，"在写自己妈妈的时候，我从新的角度去构思，在选材方面下功夫。在《母亲的文凭》一文中，我写了自己母亲在 50 多岁时仍然坚持刻苦学习，最终获得了她梦寐以求的中师文凭的经历。她的这种经历很特别，也很励志，值得一写。写《母亲的影响》一文时，我没有像一般同学那样写母亲怎样关心自己的生活，而是写了母亲在语文学习和职业选择等方面对自己产生的重大影响。这样就写出了我母亲独特的一面。"

我告诉这几个同学，我和大家分享这两篇文章的主要目的是想告诉大家：有关母亲的题材是非常广泛的，写母亲不应该只限于写母爱，还可以写母亲其他方面的优秀品质；写母爱也不应该只限于写母亲在生活上对我们的照顾，除了日常生活，母亲对我们的关心和影响还有很多方面。

"每个人的妈妈都有与众不同的地方，每个人的妈妈都有过人之处，你们的妈妈也一样。回去想想自己妈妈的与众不同之处与过人之处，从新的角度去写写自己的妈妈吧，不要写来写去都是老一套。"

这几个同学都点点头。

(2019 年 5 月 1 日)

看得见的效果：学生写作创新意识明显增强，写作取材比以前有了进步。

二、用教育叙事增强学生的学习信心

例文

追上去，还来得及

写作起因

　　学生徐海云在学习上奋起直追，但信心还不是很足，我写下《追上去，还来得及》鼓励他。

　　今天下午第二节课，高三（10）班的徐海云在成语听写中的表现令人佩服。读成语的同学还没开口，徐海云就已经在黑板上接着上一组同学写的最后一个成语写起来：越俎代庖、以逸待劳、大相径庭、秀外慧中……负责读的同学才读到一半，徐海云已经按照学习任务清单上的顺序把要听写的 10 个成语在黑板上默写了出来。看来，徐海云已经把学习任务清单上的成语背得滚瓜烂熟，无须提示都能够把成语默写出来了！徐海云一写完成语，同学们都自发地为他鼓掌叫好。

　　这段时间徐海云学习确实很自觉。这个星期一的晚自习，在检查大家的学习情况时，我发现绝大多数同学对学习任务清单中容易写错的 300 多个成语都只满足于学习书写而不管其读音和意思，只有几个同学自觉去查了成语的读音和意思，徐海云就是这少数几个同学中的一个。

　　我翻看徐海云的语文笔记本时，看到他的笔记本上工工整整地抄满了成语解释。当时我还拿他的笔记本给同学们传看，让大家向他学习。

今天下课后，我在讲台上填写课堂记录，有几个同学围过来。我对他们说："今天海云能够按照顺序把学习任务清单上的成语默写出来，这很不容易，他肯定是下了不少功夫的。"一个同学说："老师，您写写海云吧。"我笑着说："文章不是想写就能写得出来的，得有灵感。"

另外一个同学说："有了灵感，您一定要写写他，他的进步很大。"

走出教室，看见徐海云正站在走廊上，我对他说："海云，你今天的表现不错，继续努力！"

他说："老师，我以前是不爱学习的，现在才开始努力。"

我说："没关系，追上去，还来得及！"

"老师说得对，追上去，还来得及！"徐海云坚定地说。

（2017 年 9 月 14 日）

看得见的效果：徐海云得到鼓励后，信心增强，学习劲头更足了。其他后进生也深受鼓舞，奋力追赶先进。

三、用教育叙事培养学生良好的学习品质

例文

爱"找碴"的郑广源

> 郑广源爱提问，敢质疑，我写下《爱"找碴"的郑广源》，期待更多的学生像他一样具有这种良好的学习品质。

高三（9）班有一个同学在课堂上特别爱"找碴"，他的爱"找碴"给我留下深刻的印象。

在语文课上，小老师们的讲解常常会被这个同学的提问打断：

"为什么选这项？"

"为什么是这样？你讲讲理由。"

"这两个词语的区别在哪里？"

"你这样讲我还是不明白，能不能讲得再具体一点？"

…………

这个爱提问的同学就是郑广源。

几乎每节课，郑广源都会向台上的小老师们提出这样或者那样的问题，几乎所有上台讲解的小老师都接受过他的提问。郑广源每节课都这样穷"问"不舍，有些同学不理解他，甚至有的同学觉得他是故意在找碴，认为他这样会影响教学。

我注意到，郑广源并不是故意找碴，也不是随随便便发问的。我发现，每次到了展示课前学习成果的环节，郑广源都会非常专注、认真地听台上的小老师讲解，而且都是在认真倾听后才发问的。了解这一点后，我特别表扬了他。我对同学们说："郑广源同学能够提出一些问题，说明他是认真学习、认真听课的。他经常提出问题，对我们的教学也是一种促进。"

郑广源的提问对高三（9）班的语文教学确实起到了很好的推动作用。在他的追问下，台上的小老师们把问题讲得更加具体、更加到位了。

他的提问还引发了同学们的思考和讨论。好几次，他提出的问题，小老师们都回答不了。我调整了教学步骤，安排时间让同学们思考、讨论和解决郑广源提出的问题。有的时候我当堂回答不了郑广源提出的问题，下课以后会查阅资料或者请教其他老师把问题弄清楚，第二天上课再给同学们讲解。

在课堂上"找碴"，似乎已经成为郑广源的一种习惯，对此他乐此不疲。有时候，他会对台上的小老师穷"问"不舍，小老师被他问得讲不下去，甚至有点恼火。但这时，我往往可以在郑广源的脸上看到很认真的表情，我知道，下节课他还是会发问的。郑广源爱"找碴"已经成为一种常态，我和同学们已经习惯了他的"找碴"，哪一天他不"找碴"了，大家反而觉得课堂上少了点什么。

临近高考前两三个月的时间里，除了我布置的作文，郑广源几乎每个星期天都会另外写一篇作文拿给我看。我对他的作文做了点评并给出修改意见。对于我的每个点评和修改意见，郑广源都要问个为什么。为了回答他一个又一个的"为什么"，很多时候我得把他的作文多看几遍。他的这种爱"找碴"，对我的作文教学是一种很好的促进。

2018年高职高考进行了改革，一批本科院校开始招收职业中学毕业生。在今年的高考中，爱提问、爱"找碴"的郑广源成绩优异，语、数、英三科考了332分，高出本科分数线27分！勤学好问，让他成为广东省高职高考改革的首批得益者之一。

郑广源有感恩之心，每当学习有进步时，他总会对老师说感谢之类的话。其实他最应该感谢的是他自己，尤其应该感谢他自己爱提问、爱"找碴"的好习惯。

（2018 年 6 月 26 日）

看得见的效果：更多的同学也像郑广源一样敢于提问、勇于质疑了。

四、用教育叙事巩固教学成果

例文

"我来讲" 效应

为了维持学生的学习热情，鼓励更多的学生积极参与教学，让他们真正成为教学的主体，我写下《"我来讲"效应》。

为了鼓励学生大胆表达，大胆展示，我写下《我来讲》一文。把文章发到了高三（9）班、（10）班班群后的第二天，我一走进（9）班教室，同学们看着我一齐喊起来："我来讲!""我来讲!""我来讲!"

喊完教室里笑声一片。当我走进（10）班教室时，也出现了相同的一幕。

我知道他们是在和我开玩笑，但也忍不住笑了起来。此后，我发现同学们不是一笑了之，他们真的把"我来讲"付诸行动。

一天，我在高三（10）班讲评试卷。和平时一样，学生是课堂的主讲者。第一道题是语音题，第五组抽到这道题，负责讲解的同学上台之后，我要求他给这道题中 24 个加点的词语注音，这名同学感到有难度。这时，第六组的周文飞大声地说："我来讲!"

"不，这道题还是由我们组来讲!"第五组同学不同意了。他们问我："老师，我们组再准备一下，让抽到第二题的小组先讲，行不行?"

我说："可以。"然后我对周文飞说："文飞，等一下有机会你再讲吧。"周文飞说："好的。"

周文飞小组抽到了第三题，他们组负责讲解的同学讲完之后，周文飞说："我来补充一下。"他快步走上台对那道题做了进一步的补充，让同学们听得更加清楚明白。

到了第五题，我问："哪位同学来讲一讲'生死攸关'的意思？"

话音刚落，平时很少上台的陈国影马上说："我来讲！"可能是因为陈国影平时很少上台，同学们以为他是在开玩笑，都笑了起来。我刚开始也以为他是在开玩笑，没想到他真的站起来说："'生死攸关'，就是关系到生死的意思。'死刑判决是生死攸关的大事，不能不慎重。'这个句子中的'生死攸关'用对了。"陈国影的积极主动赢得了同学们热烈的掌声。

在接下来的环节中，我问："哪个同学能把'趋之若鹜'这个成语讲得更加到位一点？"王仔健举起手来："我来讲！"他一边站起来一边看了看桌面上早已打开的《现代汉语词典》，大声说："'趋之若鹜'的意思是像鸭子一样，成群结队地跑过去，形容许多人争着去追逐某种事物，它是一个贬义词。这道题中的 D 选项整句话说的是好事情，'趋之若鹜'不能用在这个句子中。"王仔健把词语的释义与具体的语境结合起来分析，讲得很到位。

我发现，"我来讲"提得好，提得及时。"我来讲"既增强了学生的学习信心，也有力地推动了"翻转课堂"教学向纵深方向发展。更为重要的是，"我来讲"能让学生获得锻炼，成长为自信、大方、大气的人。

昨天，我在学校二楼学术报告厅给高三年级的学生做题为"高考作文现在写"的讲座。其中有一个环节，我要求学生模仿所给出的议论文常见的结构模式，现场搭建起"爱国"这个话题的作文框架。当时偌大的报告厅里坐满了学生，可是回应者寥寥，冷场了一阵子之后，后排传来了一个声音："老师，李泽怡要讲！"我走到后排，高三（9）班的李泽怡站起来接过麦克风大声地说："我来讲！主题为我们要爱国的作文，可以在开头部分提出中心论点'我们要爱国'，主体部分论证我们为什么要爱国，结尾再次强调中心论点……"

李泽怡的表现吸引了众多师生的目光，老师和同学们把热烈的掌声送给了她。

讲座虽然没有达到我想要的效果，但是我的学生李泽怡的"我来讲"让我倍感欣慰：经过一个多学期的锻炼，我的学生已经能够在几百人的面前大声说出"我来讲"三个字了！

若干年之后，在一个几百人甚至上千人的公共场合，有一个人大声地说："我来讲！"接着他落落大方地走上讲台。他演讲时侃侃而谈，条理清楚，思维缜密，讲完后全场掌声雷动。如果有人对我说，"李老师，这个出色的演讲者是你的学生"，我一点也不会感到意外。

（2018 年 4 月 19 日）

看得见的效果：越来越多的学生大胆说出："我来讲！"

五、用教育叙事记录学生成长的轨迹

写作
起因

　　实习生刘嘉萍在上课之前有紧张、有犹豫，也曾想过要放弃，但她最终战胜了自己，在学校教务处与实习学校联合举办的教研活动中出色地完成了授课任务。她的成功源于她的努力，也源于实习指导教师的悉心指导。我用系列教育叙事《都支持》《你们的师姐很厉害》和《美好的遇见》记录刘嘉萍的高光时刻，记录她的成长轨迹，引导更多的学生像她一样虚心学习，勇于接受挑战，走向成熟、走向成功。

例文 1

都支持

　　下周岭南师范学院教务处要举办一个"教学一体化"的活动，活动地点设在湛江市第十六小学，由实习生代表上课。实习生刘嘉萍很想参加，可又很紧张，因此比较犹豫。

今天早上，就她是否参加这一活动一事，我和她在电话里进行了讨论。

嘉萍说："我本来是很想去参加这一活动的，但听说有教育局的同志来听课，还要直播给大一、大二、大三的同学观看，我就怕上不好，担心达不到学校的要求，不知道是去好还是不去好。"

我鼓励她去参加这个活动，不管结果如何，对自己的成长都很有帮助。

为了减轻她的心理负担，我对她说："不管你去不去参加这个活动，我都支持你。机会难得，去参加能够得到很好的锻炼。但是，如果你感到压力太大放弃也可以理解。你好好想一想，遵从自己内心真正的想法。如果决定去参加就要认真做好准备，可以把你试讲的视频发给我看看。"

过了一会儿，嘉萍发短信给我："李雅老师好！我想好了，我去参加。当初报名的初衷就是为了锻炼自己，只是因为活动隆重让我有点担心做不好才会犹豫。但是我想过了，只管努力去做，结果怎么样都没关系，上不好也没啥大不了的，谁没有一个成长的过程呢？我努力做好就行了。"

"这就对了！"我支持她。

"我也和十六小那边的指导老师说了，她说尊重我的想法，我想做她就全力支持我。"

"非常好！加油！"我鼓励她。

嘉萍和我说："我会努力去做好的，尽我自己的能力，努力做了无论结果怎么样，我都有收获了。非常感谢老师，谢谢老师对我的尊重与信任！"

不管嘉萍是否参加"教学一体化"活动，我都会支持她。只要她想参加，不管是我，还是她在十六小的实习指导老师都支持她。希望她在我们的支持下，放下包袱，轻装上阵，在活动中大放异彩！

（2023 年 12 月 10 日）

例文 ②

你们的师姐很厉害

今天上午第一节课2020级实习生刘嘉萍同学在岭南师范学院教育实习成果展示暨教育见习活动中，给实习基地湛江市第十六小学六年级（3）班的孩子们讲了《书湖阴先生壁》这首诗。嘉萍在六（3）班上课，我在岭南师范学院第五教学楼智慧课室 A511 室和汉语言文学专业大一的部分学生远程收看了嘉萍的课。受岭南师范学院教务处邀请，湛江市教育局教研员庞老师前来 A511 室观课和指导。

嘉萍的课上得很好，我一边听课一边记录，心里很高兴。

嘉萍上完课后，我请庞老师做点评。庞老师在听嘉萍的课时就用电脑做了听课记录，在点评之前，庞老师把她做的记录展示在大屏幕上：

*心中有学生：基于学情，以对诗人的了解与王安石的诗《元日》《梅花》为基础进入新诗的学习；

*课堂有层次：古诗的教学层次清晰，从读准字音、读出节奏、读懂意思，到读出画面，层层推进；

*指导有方法："书"的理解联系"题西林壁"，轻易理解了"书"的意思，为后面的"书戴嵩画牛"铺垫，通过多种朗读方式引导学生理解诗意（加动作、生生互评）；

*学习有活动：

活动一：小组合作，说说你读出了什么画面？

句式：通过诗句＿＿＿＿＿＿＿＿＿，我仿佛看到了＿＿＿＿＿＿＿的画面。

活动二：再读古诗，抓住关键词句，说说你读到了一个怎样的湖阴先生?

句式：通过＿＿＿＿＿＿＿＿＿（字/词/诗句），我仿佛看到了一个＿＿＿＿＿＿＿＿＿的湖阴先生。

活动三：品读古诗，你感受到了诗人怎样的情感，并说说理由。

＊课堂有拓展：诗句拓展。

围绕嘉萍上课的这几个亮点，结合新课标和统编教材，庞老师对嘉萍的课做了精彩的点评，她对嘉萍的课给予充分的肯定，几次对在场的大一学生说："你们的师姐很厉害。"

嘉萍的教学设计和课堂教学很好地落实了新课标的精神和教材编者的意图。我对嘉萍的课做了简单的点评。我问在场的同学们："大家知道语文是一门什么样的课程吗?"刚开始，大家说不出来。我提示："语文课程是一门学习国家通用语言文字运用的——"

经我提示，同学们接上来了："综合性、实践性的课程。"

"对!"我说，"语文课程是一门学习国家通用语言文字运用的综合性、实践性课程。从课堂教学来看，你们的嘉萍师姐对语文课程的性质理解深刻到位，在教学过程中很好地落实了新课标的精神。"

确实如此，在上课的过程中，嘉萍注意引导学生通过听、说、读、写来学习语言文字的运用，凸显语文教学的实践性，同时她的教学也很好地体现了"学生是教学的主体"这一理念，凸显了学生的主体地位。

庞老师说得不错，大一学生的这位刘师姐真的很厉害!

（2023 年 12 月 15 日）

例文 3

美好的遇见

昨天实习生刘嘉萍在教育实习成果展示活动中所上的课可圈可点，受到湛江市教育局教研员庞老师的赞赏。活动结束后，嘉萍告诉我，她非常感谢湛江市第十六小学的实习指导老师——莫书琪老师。

昨天，嘉萍给我发了很多条短信，告诉我莫老师是怎样和她一起打磨这堂展示课的。

"当初我问莫老师我上不上这堂课的时候，她跟我说如果我想上的话，她一定会全力以赴支持我。正是莫老师的这句话让我下定决心去上这堂展示课。"嘉萍说。

"她是真的很用心指导我，连我的逐字稿都在不停地帮我修改，她告诉我哪些内容是不需要讲的，哪句话应该怎样说。同时她告诉我 PPT 存在的问题。一开始我只专注于将 PPT 的内容完成，并没有特别在意画面与美感，书琪老师告诉我，应该如何做好 PPT，还把她比赛的说课 PPT 给我看。告诉我，一堂公开课的 PPT 大概应该做成什么样。"

"书琪老师打开 PPT，一张张地看，并告诉我哪些地方可以做得更好，比如文字可以用上不一样的颜色，还有动画出现的顺序应该怎样调整更好，另外还有文字排版、边框的修饰。"

"莫老师手把手地教我，在她的耐心指导下，我的 PPT 共修改了 13 遍，学习任务单修改了 11 遍。"

"实习期间莫书琪老师很用心地对待我们，她这段时间一直很认真、很负责地指导我，是真的很辛苦，我很感激她。她在实习期间教给我的不仅是知识，还有她的一言一行都在影响我，她真的很优秀，在我心中她是榜样一般的存在。"

"能够在实习期间遇到莫老师，我很感恩，同时觉得自己非常幸运。总之很感谢莫老师的指导。"

今天，嘉萍又给我发来很多短信，同样是说莫老师对她的好：

"这周她不断地鼓励我，一直和我说不用紧张、没关系的。我和她说我不紧张，放心吧，但是她依然一直鼓励我。"

"她也很体谅考研的小伙伴，知道我们压力大、辛苦，所以一直很关心我们。"

"她给我的感觉就像一个知心的大姐姐。我在实习过程中，遇到烦恼的事情，就给她发信息倾诉，她一直花时间回我信息，所以我打心底感谢她。"

"她真的很用心对待我们，她说我就像个小太阳，她很幸运遇上这么好、这么优秀的我。其实，应该是我更加幸运能遇上这么优秀、这么贴心负责的老师。"

嘉萍上了展示课后，我发短信感谢莫书琪老师对嘉萍的悉心指导，莫老师回复我："嘉萍勤奋努力、工作负责，以后会成长为一名优秀的老师，我很幸运能当她的指导老师！"

在实习的季节里，这对师生相遇了，她们都说遇到对方很幸运，这真是一场"美好的遇见"。愿更多的实习生与他们的指导老师有这样美好的遇见。

(2023 年 12 月 16 日)

看得见的效果：三篇教育叙事在学生中引起不小的反响。刘嘉萍深受鼓舞，表示以后会再接再厉，争取更大的进步。她的师弟师妹们纷纷给师姐点赞并表示要向师姐看齐。

六、用教育叙事呈现教改过程与成果

例文

写作起因

"翻转" 的花儿慢慢开

翻转课堂教学取得初步效果，但也存在一些问题。为了更好地开展这项课改，进一步巩固和增大翻转课堂的教学成效，我写下此文，希望得到更多的理解、支持与帮助。

1. 移花接木，初步尝试

按照学校"翻转课堂"教学改革的要求，我反思了自己多年来的教学工作，感觉自己的语文教学存在三个方面的问题：

（1）最令我头疼的是，语文课上经常有学生睡觉。有那么几个学生有时睡得太久了，我实在看不下去，从讲台上下去敲他们的桌子进行干预，可一转身回到讲台他们又趴下接着睡了。那种情形真令人沮丧。

（2）学生不积极参与课堂活动，相当一部分学生上课时不开口、不动笔、不思考，课堂气氛相当沉闷。

（3）学生缺少使用工具书的习惯。全班学生共用几本字典、词典。当遇到不懂的词语时，他们不是积极查字典、词典，去了解词语的读音、意义，而是等待老师的解答。由于找不到切实有效的方法，学生学习的积极性一直调动不起来，让学生自主学习的理念在语文课堂成为一句空话。

2015年8月7日，学校组织全体高三教师去阳东一中取经。阳东之行让我大开眼界。在阳东一中听了四节语文课后，我发现了自己课堂教学不尽如人意的根本原因：自己讲得太多，没有放手让学生自主学习。听完两天课后，我和同教职中班高三（6）班的林汛丹、余海蓉两位老师进行了交流，我们都觉得阳东一中的做法很值得学习。取经回来之后，8月9日星期天晚自习时间，高三（6）班把课桌分三组纵向排列，8月10日星期一我们就把阳东一中的上课模式移植过来，尝试"翻转课堂"教学模式——把课堂变成学生的舞台，让学生变成舞台上的主角。尝试"翻转课堂"后，有几大变化令我喜出望外：

（1）一个星期下来，高三（6）班语文课最大的变化就是上课时几乎不再有学生睡觉，以前上课经常睡觉的几位学生颠覆了以往的负面形象，变成学习积极分子。他们课前积极学习，课堂上抢抓机会解说，变化之大，令人惊喜。

（2）学生学习热情空前高涨，课堂一扫以往的沉闷。

（3）学生开始有了使用工具书的意识，不少学生主动购买字典、词典，现在他们遇到不懂的词语随手就查，不再像以前那样等着问老师。

经过一段时间的实践，高三（6）班语文课初步形成以下模式：

（1）教师准备好题目让学生课前学习，由小组长组织讨论并汇总小组的学习成果。

（2）让小组长抽取要解答的题目。

（3）各小组的代表上台把他们要解说的题目抄到黑板上（抄还是不抄，视情况而定）。

（4）各小组负责解答的学生上台给大家解说。难度不大的问题都由学生来讲，教师只是在学生出现思维卡壳时进行适当的点拨，目的在于引导学生突破学习难点。

这样的课堂，学生积极参与，效果当然比教师唱独角戏要好得多。

9月15日我上了一节写作公开课，基本上采用了上述模式，主要是学生讲，我只是在学生修改习作普遍感到困难时，给他们适当的提示，让他们茅塞顿开，从而顺利地解决问题。参加观摩的领导和教师对我所做的尝试和取得的进步普遍给予了充分肯定。

2. 花蕾初露，协同成长

"翻转课堂"有一个很重要的观点就是让学生成为课堂的主体，教师不再是课堂里的主讲者，只是起引导作用。最初听到这些观点时，我很不以为然，心里一直怀疑其可行性：教师讲得较少，让学生主讲，他们能讲得清楚吗？阳东一中的经验告诉我们，他们的学生能！现在高三（6）班的教学实践证明，我们的学生也能！"翻转课堂"在高三（6）班实施以来，得到全班同学的积极响应，他们抢抓机会，争取上台去当一回"老师"。陈淑珍同学多次代表小组上台解说，讲得特别好。她经常一边讲，一边板书，条分缕析，很有老师范儿。有一次陈淑珍同学解说得特别棒，同学们两度自发给她掌声。陈淑珍同学的良好表现大大地鼓舞了其他同学，大家认真准备，不断实践，越讲越好。现在全班同学在讲解方面都有了较大的进步。陈淑珍、黄青青、郭琼珍、郑平洲、梁集汇、梁梦婷、李凯、陈燕飞、黄玉娴、吴曼萍、冯微容、李妙霜、吴珊珊、林铃等同学在讲解方面表现突出；符海立、陈东兴、林德辉、王国文、李志明、朱晓明、孙伟佳、周木梨、周琪琪、陈昌德等同学经过上台练习，进步很快；李光耀、梁元、陈国聪、冯晓华、陈树国、骆世硕、刘腾、王文杰、李茂冲、杨世创、陈家富、刘付秋、胡金燕等同学以前不怎么敢上台做练习，这段时间在老师和同学的鼓励下，克服了心理障碍，消除了紧张情绪，终于勇敢地站在讲台上和大家分享学习成果。

课堂上教师少讲，安排时间让更多的学生上台讲解，这种做法其实是遵循了学习规律的。学生要掌握一门知识、培养一种能力，必须经过反复的练习。教师讲得再好，学生不练习，也无法真正掌握知识，更无法形成能力。广播站的学生播音时能做到字正腔圆，学生会的干部口才出众，是因为他们有无数次练习的机会。一个学生一个星期哪怕仅有一次上台练习的机会，一年下来，这个学生也会有非常大的变化。学生第一次上台可能会语无伦次、手足无措，但经过多次练习后，将会变得落落大方、信心满满。

在实践中，我发现使用"翻转课堂"教学模式能大大激发学生学习的积极性。台上表现得如何，取决于讲解者对知识掌握的熟练程度。在台上，要想讲得出来，起码得懂得解题步骤和答案；要讲得大家都明白，就得非常熟练，且要理解知识；要讲得精彩，就得对知识点融会贯通。为了能在台上有最佳的表现，学生课前很乐意花时间去学习教师布置的任务。最近，我检查了学生的语文作业（第一轮复习用书中的练习）情况，发现有32个学生出色地完成了作业。这些学生不是简单地选出答案应付了事，而是对答案做了详细的分析；另外有5个学生的作业还有不少需要改进的地方。后来，他们在小组长和科代表的督促下也都较好地完成了作业。这个班在高二时，只有几个学生能按照要求完成语文作业。从对待作业的态度，不难看出这个班的学生在新的教学模式下，学习的积极性有了很大的提高。所以，我们应该痛下决心，把课堂还给学生。把课堂还给学生，就能让他们有更多练习、成长的机会；把课堂还给学生，就能充分地调动他们学习的积极性、主动性，就能让"要我学"变为"我要学"。

在实践中，我还发现"翻转课堂"教学模式能充分挖掘学生的潜力。实践证明，把课堂还给学生，让学生成为学习的主体，能极大地激发学生学习的热情，使他们的潜能得到充分发挥。高三刚开学时，我发现同学们有大量的字不懂读、不会写，有大量常见的词语、成语以前没见过，更别说理解和运用了。针对这种情况，我当时下决心要把好中学的最后一道关口，帮助学生把我们母语中最基础的知识掌握好。我曾经认为，这些学生基础薄弱，高三这一年能把基础知识掌握好就很不错了，不敢有更高的要求。可是，在最近的教学实践中，我发现我们的学生——这些十七八岁的年轻人——有很大的潜力等待我们去挖掘。以前我低估了自己的学生，老是觉得他们基础差，能力不够强。现在给他们一个平台，我看到了别样的他们。前段时间复习成语，我要求学生掌握80个成语的意义和用法。这种要求，如果按照以前那样教学，全班没有一个学生能达标。但是，现在就不一样了。按照新的教学模式，学生先在课前以小组为单位进行交流学习，接着在课堂上以讲解的形式分享课前学习成果，之后科代表组织三个小组长再对几节课所学的成语进行总结，把80个成语的解释汇总起来，交给打字组打印出来发给我，我整理成一个专题——《我爱朗读·成语解释》，最后印发给学生。经过这样的学习，绝大多数学生能够熟练地掌握这80个成语。把课堂还给学生，让他们有足够的时间与机会去自主学习，他们就能创造奇迹，并不断给教师和家长带来惊喜！我们完全有理由相信，高三（6）班如果能把"翻转课堂"的实践进行到底，2016年6月毕业时，这批年轻的学子一定能够采摘到硕大而甜美的果实！

自开学以来，我把学校提出的"以人育人，协同成长"的办学理念付诸实践。在"翻转课堂"教学实践中，学生表现出来的团结互助精神令我十分感动。现在高三（6）班的语文课经常有自发的掌声响起，掌声不仅送给课堂上表现出色的学生，还送给课堂上表现欠佳而需要鼓励的学生。掌声中有真诚的喝彩、热情的鼓励，在轻松愉快的氛围里，学生不但收获了知识，也收获了友情。在课堂上学生配合默契：他们把更多抄题的机会，让给字写得不好的同学；把更多解说的机会，让给不善言辞的同学。大家一起学习、一起讨论、一起成长。在这个过程中，学生互相帮助，同时也见证了对方的成长与进步。我想，高三这段难以忘怀的岁月一定会成为他们人生中美好的回忆。

实施"翻转课堂"两个多月后，我发现自己也成长了不少。"翻转课堂"教学模式让我获得了更多的教学自信。我把课堂还给学生的同时，也把自己解放了出来。这样，我可以用更多的时间去阅读、备课。在教学之余，我重读文学经典《红楼梦》，同时还阅读了《蒋勋说红楼梦》（第一至八辑），大大开阔了我的教学视野；我还可以用更多的时间去突破教学的难点。采用新的教学模式后，容易的问题让学生自己解决。一个人解决不了，就小组讨论解决，一般不需要我参与。现在，高三（6）班语文课的教学内容是语文基础知识，而我备课的内容则是难度较大的诗歌鉴赏。为了突破诗歌鉴赏这一教学难点，这段时间我几乎每天都在读周啸天主编的《唐诗鉴赏辞典》，已经做了2万多字的读书笔记。也就是说，采用"翻转课堂"的教学模式后，我可以把更多的时间和精力用来攻坚克难，不断地提高我的教学水平。开阔的视野、不断提高的教学水平让我在教学中更加自信了。

"翻转课堂"教学模式让我的教学更具针对性。开展"翻转课堂"教学之前，我教了这批学生一年，仍然不太清楚他们的学习情况，但采用"翻转课堂"的教学模式后，学生在课堂上动起来，让我清楚地了解到他们中谁讲得好，谁的字写得好，谁需要更多的机会去练习讲解，谁需要更多的机会去练习写字，谁课前学习认真，谁需要温馨的提醒……这样，教学就避免了盲目性，学习效果也就更好了。

"翻转课堂"让我对自己的学生有了全新的认识。自"翻转课堂"活动开展两个多月以来，我得到学生的大力支持和帮助。打字组组长黄青青在短短的时间里组织同学们帮我打印了几万字的教学资料；语文科代表郭琼珍帮我组织常规的教学工作，让我有更多的时间去把课备得更充分；陈燕飞、李妙霜和郑平洲三位小组长在小组的学习讨论中发挥了至关重要的作用。另外，梁集汇、孙伟佳等同学也给了我很大的帮助。梁集汇以前不怎么努力学习，上课经常玩手机，还经常说怪话。现在他学习非常认真，进步很快。更为难能可贵的是，梁集汇经常在课堂上大胆质疑，成为高三（6）班"翻转课堂"一道特别的风景线，他提出的质疑也进一步完善了我的教学方案。孙伟佳的字写得好，他认为黑板字进步了并不代表硬笔字也写好了，要写好硬笔字，还得练字帖。这点我以前没有注意到，孙伟佳深刻的见解给了我很大的启发，现在我准备把练字帖引进语文教学中来。正是在师生团结协作的过程中，我发现我们的学生是一群有思想、有能力、有追求、有潜力、有着美好前程的年轻人。过去，我仅把他们当作学生，自"翻转课堂"开展后，他们当中的许多人变成了我的助手和老师。

在新的教学模式下，我与学生一起学习、一起成长、一起走向成熟。我感谢这种新的教学模式，更感谢高三（6）班的全体学生！

3. 精修细剪，逐步完善

自"翻转课堂"活动开展以来，学生的学习态度、学习行为发生了根本性的转变，全体学生都有了较大的进步。但是，也存在不少的困难和问题，我积极面对和研究，逐步细化教学策略和教学过程设计，帮助学生在改变中不断完善自我，进而逐步提升"翻转课堂"的教学效果。

问题一：无论课前还是课堂上，小组讨论得还不够充分。

对策：让学生懂得小组讨论对学习的重要性，有意识地培养他们的协作精神。

问题二：有一些学生学习不够自觉，经常在自习课和晚自习时打游戏、玩手机，未能按时完成老师布置的学习任务单上的任务。

对策：个别谈话，温馨提醒，并多给这些学生上台的机会，让他们参与其中，尽快进入学习状态。

问题三：大多数学生能积极上台抄题和解说，但很多时候没有认真听别人解说。

对策：指出不认真听讲是对台上解说同学劳动的不尊重，关系到听者的修养问题，要求大家提高修养。另外，让学生明白"听"的重要性：听别人解说，是一种非常好的吸纳方式，听得越认真，收获就越大。

问题四：遇到难题就绕开。

对策：指出在学习上要想有进步，就得迎难而上，突破难点。我还准备把学习任务单中的大题、难题化为一个个小问题，降低学习难度，让学生"跳一跳，够得着"。

4. 春风化雨，"翻转"花开

8月以来，随着"翻转课堂"教学的逐步开展，"翻转课堂"先进的教学理念也逐步走进学生的心中，他们积极参与，大胆实践，语文学习有了明显的进步。

林德辉：

自从我们班改变了以往的上课模式后，我整个人改变了许多。我变得积极了，而且也懂得如何去学习了。我重新有了学习的动力，这让我能坚持走到底。

以前我从未敢上讲台做练习，也从未敢站起来回答问题，李老师改变上课模式之后，我慢慢地克服了这些弱点，而且也学会了勇敢。我对这学期的"翻转课堂"有很多感悟，感谢李老师，让我整个人充满活力。

郭琼珍：

以往在课堂上都是老师一个人讲，我们做笔记，课后回去做练习。现在，课堂上老师布置好作业，我们课后回去预习，上课时，我们班的"小老师们"就会一个个上台给同学们讲解。

自从实施"翻转课堂"之后，同学们更加积极了，上课听讲非常认真，课后也很努力地复习和预习。同学之间的沟通更加频繁，遇到不懂的难题大家一起解决，以前上课爱睡觉、爱开小差的同学现在也变得很积极，会上台回答问题，讲解题目。

黄青青：

我个人认为，自从我们班改变以往的上课模式之后，同学们的学习积极性提高了很多，语言表达能力也得到了很大的提高。以前我们班学习气氛并不是这么浓厚的。以前上课，许多同学很难进入学习状态，因为他们觉得整天听老师讲个不停很枯燥，因此他们常常在上课时开小差。但现在换了一种上课方式后，同学们都变得很积极，遇到不懂的字词会主动地去查字典。在上课时，同学们都很踊跃地回答问题，认真做笔记。在李老师的这种教学方法的引导下，同学们的改变确实挺大的，有些同学以前是属于开小差的群体，但自从改变了上课模式和在李雅老师的督促下，他们都开始积极主动地去学习。因此，我觉得"翻转课堂"对同学们的学习还是挺有帮助的，在这种教学模式下，同学们能够更专注并且更加主动地去学习。

陈淑珍：

我认为"翻转课堂"模式的科学之处在于破除了积习，改变了教学模式。从老师单方面在课堂上讲解知识转变为学生主动学习，并积极参与到小组的合作交流当中，讨论过后学生还会积极上讲台发言。"翻转课堂"教学让学生拥有更多的锻炼机会，调动了学生的积极性，激发了学生的学习兴趣，还增强了教师和学生之间的沟通，增进了师生情谊。

李志明：

如今的"翻转课堂"和以前的课堂相比，我们的活跃度提高了，每个人都能够上台回答问题，改变了以前事不关己的心态。虽然现在每个人轮流上去讲耗费的时间比老师单独讲的时间更多，但是这样能确保每个人都在认真听讲，因为只有当每个人都有了要完成的任务，才会认真准备和专心听课，不像听老师单独讲那样积极性不高。总的来说，我觉得"翻转课堂"还是不错的。

郑平洲：

"翻转课堂"让我见识了前所未有的教学模式。以前的教学模式是老师在课堂上讲课，布置作业让学生课后练习。而"翻转课堂"则恰好相反，学生在课前要预习好上节课老师布置的任务，然后抽签上台把问题一一解答出来，如果有讲错的地方，老师和同学们都会帮忙纠正。

"翻转课堂"教学模式的实施，给我们的学习提供了很大的帮助，比如说，以前不爱学习的同学现在慢慢地开始学习了。上课时老师和同学、同学和同学之间积极讨论，同学们还能站上讲台当几分钟"小老师"。

"翻转课堂"可以调动同学们的学习互动性，激发同学们的学习兴趣，所以对大家的学习有很大的帮助。

符海立：

今年学校进行全面的课堂大改革，那就是"翻转课堂"。"翻转课堂"可以说是教学上的一大创新，它给我们班带来的改变是非常明显的。老师给我们提供了很多表现的机会，大家甚至能够上讲台去当"小老师"。在新的教学模式下，同学们回答问题更主动了，讨论问题也更积极了。因为是以小组为单位进行学习的，大家不想被其他组超越，所以都积极回答问题，而我被这种浓厚的学习气氛所感染，也变得努力起来。现在，全班的学习氛围特别浓厚。

陈燕飞：

刚开始我是反对"翻转课堂"的，但后来又慢慢地喜欢上了。老师还让我当小组长。这些年来，我从来都没有担任过任何班干部，一直都是班级里的"群众"，第一次当上小组长，感觉有了一丝丝的不同，原来我也可以管理别人。"翻转课堂"给了我挑战，也给了我一次改变自己的机会。

自从在"翻转课堂"上担任小组长后，我看到了一些组员的改变，他们比之前更努力、更认真，没有像以前那样贪玩了。我的同桌以前对学习总是马马虎虎、敷衍了事，上课总会开小差，而现在的她却有了很大的改变，我居然在宿舍看到她拿起书来学习，还早起读书，放学了还会念叨课堂时间过得太快。看到她对学习产生了兴趣，我真替她高兴。还有林德辉，当初调皮的他，如今也会为了上大学而努力奋斗。"翻转课堂"对他的帮助真的很大，一直不敢上讲台做题的他，现在能勇敢地上讲台说明自己解题的思路，每次做题也都能积极对待。课堂模式改变了，大家也发生了改变，作为小组长的我，为他们的改变感到高兴，大家都在慢慢变好，希望"翻转课堂"这种方式能延续下去。

春风化雨，"翻转"花开。接下来，我会继续浇水、施肥，让"翻转"的花儿结出甘甜的果实。

(2015 年 10 月)

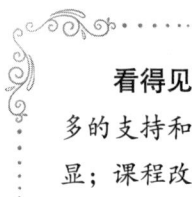

看得见的效果：学生受到鼓舞，"翻转课堂"教学得到更多的支持和指导。学生的主体地位更加突出，教学效果更加明显；课程改革中存在的问题，部分得到解决；部分教师反馈他们从中得到启发。

运用教育叙事反思

教育教学工作的不足

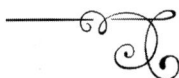

反思是教师快速成长的助推器。广义的反思，包括对成功和失败两个方面的反思。写作教育叙事是教师反思自己教育教学最常见的方式。几乎所有的教育叙事都包含着写作者对自己教育教学工作的反思——写作者通过教育叙事来总结自己教育教学工作中成功的经验和不足之处。本部分所选的《无语》《歌声响起》《为什么没有和我说呢》《再也不敢过分依赖学生了》《现在知道语文重要了吧》几篇教育叙事侧重于反思我在教育教学工作中的不足。

一、用教育叙事反思自己教育思想上的偏差

例文

无　语

> 在很长的时间里，学习不好的学生，在我的心目中就不算是好学生了。但在一位家长眼里，孩子学习不好，他仍然是家长心目中的好孩子。与这位家长一番对话之后，我写下《无语》，对自己的教育思想进行反思。

一天，一位家长主动给我打电话："老师，我孩子在学校的表现怎么样？听话吗？"

我回答她说："他经常上课睡觉。"

"哦，他身体不好，去年生了病，住院一周，打了很多针，精神不太好，上课可能是会犯困。"

"他经常要请假出去。"

"老师，他经常胃痛，学校的饭菜不合胃口，所以他才会请那么多假出去。"

"还有，他学习不够努力。"

"他身体不好，基础也不扎实，我们对他的要求不高，只要他在学校里不做坏事就行了。我们最担心他学坏，只要品行好，能学多少是多

少，成绩落后一点没关系。"

我一时无语。

"不知道他在学校里表现得怎么样，他在家里是很听话的，他的叔叔、伯伯和村里的人都说他是好孩子……"

我更加无语。

"老师，您在听吗？"

"我在听。他的情况就是这样，以后有什么情况，我再和您说吧。"

最初我对这位家长是有看法的，觉得她是一个溺爱孩子的母亲，所以和这位家长通话时，我几次无语。后来我反复回想这件事情，慢慢地发现这位家长其实是一位了不起的母亲。

她对孩子的爱是无条件的。不像一些家长在孩子表现优秀时，觉得很骄傲，就夸奖孩子多一点；但当孩子的表现不尽如人意时，就觉得脸上没有光彩，对孩子表现出失望和冷淡。这位家长知道自己的孩子在学校里的表现并不优秀，但是她并不觉得丢人，在谈到孩子时，她的言辞中始终充满爱意，充分体谅、包容和接受自己并不完美的孩子，一如既往地爱他。

她充分信任自己的孩子。她相信自己孩子的本质是好的，相信孩子的个别不良表现是事出有因。

她还懂得，对一个人而言，最重要的是品质，成绩并不是衡量一个孩子好坏的唯一标准。她最关心的是孩子有没有学坏，只要没有学坏，成绩差一点关系不大。

这位语言朴实的家长在做母亲方面、在对人的认识方面，达到了我们很多人没有达到的高度！

这位家长对她孩子的态度让我反思、反省。作为高三年级的班主任，我一心只想着怎样多让几个学生考上理想的大学，"努力学习"几乎成为我衡量学生好坏的唯一标准。反复回想与这位家长的通话内容，我突然感到这位家长的人才观很值得我学习。虽然"教书育人"常挂在嘴边，但在追求教学质量的过程中，我常常只看到了"人"的成绩，而忽略了"人"的其他方面！

与这位家长通话后，我多次想到她的孩子，脑海中不自觉地浮现出那个淳朴可爱的男孩形象。我发现，那个孩子，除了学习还不够努力之外，其实是一个很不错的人：朴实真诚，与人说话时脸上常常露出害羞的微笑。

我为自己的几次"无语"感到惭愧。

（2018 年 9 月 1 日）

看得见的效果：每次阅读《无语》，我都提醒自己：不能只用学习成绩的好坏来评价一个学生。

二、用教育叙事反思自己工作不够深入

例文

歌声响起

　　学生即将离开学校，分别在即，响起一车歌声。作为班主任，我这才发现原来很多学生是富有艺术才华的。我写下《歌声响起》，反思自己对学生的了解不够深入，反思自己班主任工作的不足。

　　上午，高考体检结束时已经 11 点多了。组织同学们体检、坐车，忙了一个早上，我有点疲倦了，坐上回学校的车后又有点晕车，于是便闭目养神，不想说话。

　　刚开车的时候，一车的年轻人，大家有说有笑，非常热闹。在一片笑闹声中，我却迷迷糊糊的，只想快点回到学校。不知过了多久，车厢的后排响起了歌声。刚开始只是一两个同学在唱，接着是好些同学一起唱。他们唱了一首又一首。这些歌曲我是第一次听到，歌词虽然陌生，但旋律却很动听。尽管没有音乐的伴奏，但同学们的歌声自然、好听、富有感情。我被他们的歌声吸引住了，头脑一下子清醒过来。在歌声中，我觉得汽车开得飞快。

　　快要到学校时，坐在前排的莫龙胜和叶明超两人合唱了一首歌。这首歌我是第一次听到，觉得很好听，便问他们歌名。莫龙胜说："是《光年之外》。"

午睡醒来，我又想起同学们在车上唱歌的情景，动听的歌声似乎还在耳边萦绕。我发信息给莫龙胜，让他把《光年之外》发给我听听。龙胜发来了邓紫棋唱的《光年之外》，我打开一听，真的很好听。我第一次发现，除了殷秀梅、阎维文、廖昌永等歌唱家，还有人的歌声这么好听。

晚上，生活委员梁如涛打电话来跟我说同学们准备给母校捐赠物品留念一事，我顺便问他今天早上是谁在后排唱了歌。

"是黄世鸿、孔水源和陈加驰他们。"梁如涛说。

梁如涛还说："老师，我们班不少男同学多才多艺，黄世鸿、孔水源、陈加驰等人歌唱得很好听；莫龙胜的吉他弹得很好，歌唱得也不错，他能自弹自唱；张展宏和叶明超是舞蹈社的，舞跳得挺棒的。他们很有才，只是平时没有机会表现而已。"

这些同学平时不显山不露水的，没想到他们能唱能跳又能弹。

于是我接着打电话给黄世鸿，让他把今天唱的几首歌发给我，原来是《我们的天空》《醉着醒》《好心分手》《往后余生》。欣赏着这些歌曲，我仿佛走进了一个崭新的音乐世界。

往后余生（节选）

往后余生

风雪是你

平淡是你

清贫也是你

荣华是你

心底温柔是你

目光所至

也是你

想带你去看晴空万里

想大声告诉你我为你着迷

醉着醒（节选）

站在公交车里

抓着摇曳的手环

我的命运啊

像他一样摇摆

抬头看见那

天边的晚霞

林深时见鹿

老树陪古屋

我遇见你

却没能让你留步

清晨时见雾

青草沾雨露

这些歌曲的歌词朗朗上口，旋律唯美动听。我一连听了几遍，觉得自己是如此孤陋寡闻，这么好听的音乐自己怎么从来没有听过呢？

高三（10）班的男同学中经常有人迟到旷课，班里发生的不好的事情大都与男同学有关，他们当中有不少人无心向学，我经常批评甚至忍不住呵斥他们。在我的眼里，这些同学全身都是缺点。我不断变换方法与他们作"斗争"，但他们依然迟到，上课依然玩手机、睡觉，我没有什么好的办法，只能联合家长来迫使他们遵守纪律，但收效甚微。

今天，在学生即将离开爱周高中的时候，我第一次听到他们的歌声，第一次发现原来某些同学这么有艺术细胞，第一次发现原来我与他们都是音乐的"发烧友"。如果早一点了解同学们，早一点发现我与他们的共同爱好，那么我与他们之间也许就会少很多对抗，多一些理解。

感谢他们，感谢今天的一车歌声。今天的歌声让我得到启示：在教书育人的过程中，除了批评，除了"告状"，应该还有更好的方式方法，比如听听学生的歌声、看看学生的舞蹈等。

(2019 年 1 月 9 日)

看得见的效果：学生毕业前夕，我用《歌声响起》表达我对他们的感谢与歉意。这篇教育叙事在很大程度上消除了我与学生之间的隔阂，拉近我与他们的距离。离开学校之前，他们和我说了很多心里话。吸取教训，在后来的教育教学工作中，我特别注意观察和了解学生，想办法走进他们的内心世界。

三、用教育叙事反思自己工作方式的不当之处

例文

写作起因

为什么没有和我说呢

> 多次批评教育实习生之后，他们在实习中遇到了问题就不再向我汇报，不再从我这里寻求帮助。我写下《为什么没有和我说呢》，反思自己的工作方式。

国庆之后，岭南师范学院 6 个专业的 71 名实习生进入湛江市爱周高中开始实习。为了做好实习工作，在此之前，爱周高中教务处和岭南师范学院的带队老师早已联合组建起实习工作群，截至今天，实习工作群已经有 128 人。

这个群里有几十名爱周高中的领导和老师。他们是爱周高中教务处、总务处、体卫艺处、德育处和装备中心等部门的主任以及年级组长、科组长和实习班级的班主任与任课老师。在爱周高中的实习工作方案里，这些领导和老师都安排有具体的工作，他们的名字后面都备注了电话。实习生有什么问题可以直接打电话向指导老师和相关部门的主任咨询和反映。

看到爱周高中发在实习工作群里的实习工作方案，我很是感动，心想实习基地有这样的服务意识和服务措施，实习生的实习工作一定能顺

利开展。

一百多人的实习工作群是一个很好的工作平台。刚开始的那段时间，实习生在群里咨询和反映各种各样的问题：怎样搬行李？去哪里吃饭？热水出现问题找谁解决？没有地方充电怎么办？……各个部门的主任都不厌其烦，第一时间在群里耐心回答实习生的问题。

实习生毕竟是年轻人，还有些不成熟，有时难免急躁，遇到一些事情没能马上得到解决，就有人在群里埋怨、发牢骚甚至冷嘲热讽。我看了这些话后觉得有些实习生不懂事，没有感恩之心，也怕爱周高中的领导、老师看到那些不友好的话会心生不快，影响实习工作的顺利开展。我觉得很有必要对实习生进行教育。

我在群里发信息教育他们要懂得感恩："作为实习生，我们应该心怀感恩，我们要感谢实习学校提供了实习需要的一切，感谢指导老师的悉心指导，感谢学生不嫌弃我们经验不足。"我教育他们要珍惜实习学校的严格要求："爱周高中根据学校的具体情况对实习生提出了一些要求。之所以有所要求，是为了让大家更好地实习，同时也是对爱周高中的学生负责。这些要求如果我们觉得严格，建议大家尝试着去理解这种严格，珍惜这种严格，进而适应这种严格，享受这种严格带来的好处。"

我还教育他们有话好好说："我觉得，我们文传学院的同学反映问题可以有更好的表达，好的表达更有利于问题的解决。"

我的教育得到部分实习生的响应，他们表示："感谢老师！我们会带着谦虚诚恳的态度去实习。保持谦卑低调，不给实习学校添麻烦。辛苦老师啦！"

"谢谢老师的教导，我们会秉承虚心的态度，珍惜实习的机会。"

"谢谢老师的悉心教导，我们会心存感恩，努力学习。"

经过几次教育和批评，实习群里极少再有实习生发表不礼貌的言辞了。我悬着的心放了下来。可是，实习生不反映问题，时间一长，我心里开始不安起来：学生真的没有什么问题需要解决了吗？他们心里对我的教育服气吗？他们在实习工作中如果有问题而不愿意反映岂不更加糟糕？

　　昨天一位指导老师发信息问我："一位实习生换了指导老师，您知道吗？"

　　我心里一惊，赶紧找相关的实习生了解情况，才知道一位实习生在工作中与学生发生了一点冲突，因此换到另一个班实习了。好在事情已经得到妥善处理。了解事情的经过后，我很纳闷：发生了这样的事情，这位实习生为什么没有和我说呢？

　　实习生在实习的过程中遇到了问题，为什么没有及时与我沟通呢？

　　我得好好反思一下自己的工作方式了。

（2020 年 10 月 28 日）

　　看得见的效果：学生从《为什么没有和我说呢》感受到了我的诚意，他们又敞开心扉和我说真心话了。

四、用教育叙事反思自己过分依赖学生的帮助

例文

再也不敢过分依赖学生了

> 平时过分依赖学生的帮助，在无法依赖学生的时候，工作就陷入了被动。我写下《再也不敢过分依赖学生了》，反思自己的行为。

本科函授生（申请学位）的论文指导工作结束前的几天，我忙得不可开交，每天都要回答学员好多问题，感到很辛苦。

按理说，论文指导工作中最辛苦的阶段已经过去了，收尾阶段无非就是指导学生怎样打印资料、怎样装订而已，怎么会这么辛苦呢？这怪不得学生，学生不懂就得问，要怪就要怪我自己以前太依赖全日制的本科生了，有些事情本该我自己做的，却没有亲力亲为，都交给学生去做了。

往年全日制本科生的论文格式检查、打印、装订工作，我都是派论文小组长到负责这方面工作的春燕老师那里学习之后回来指导其他同学的，学生遇到什么不明白的事情就问小组长，小组长还不明白就去问春燕老师，我轻松得很。

如果不需要指导函授生打印、装订论文，我在这方面的工作可以继

续轻松下去。但是函授生不在学校，无组长可派，他们有什么不清楚的都来问我们指导老师，所以我们得一一清楚解答。这下就见真功夫了，不能含糊，也推卸不了。

学生问论文的一些问题，我不清楚就去问相关老师，他们说和全日制本科生的论文打印、装订是一样的。因为我之前都是让学生自己解决这些问题的，所以具体应该怎样做，我并不清楚。现在我必须把这些要求一一弄明白，才能回答函授生的问题。

我不好意思事无巨细都去问相关的老师，更不好意思去问上一届本科生的论文小组长，好在2019届的学生论文写作群还在。进入这个群，我看到论文小组长所发的与论文打印、装订有关的注意事项。

我庆幸没有解散这个群，更反思自己在论文指导工作中对学生的过分依赖。在以后的工作中，我要把握好尺度，再也不敢过分依赖学生了。

（2023年10月31日）

看得见的效果：深刻反思之后，我的工作做得更细致了：该自己了解的事情就自己了解，该自己做的事情就亲力亲为。

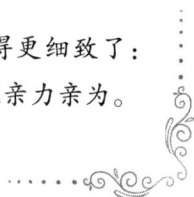

五、用教育叙事反思自己的教学未能与学生长远的未来联系起来

例文

写作
起因

现在知道语文重要了吧

我的一个学生高中毕业六年后，因为不懂怎样写自己公司的简介而求助于我。作为这个学生的高中语文老师，我写下《现在知道语文重要了吧》，反思自己以前的教学。

星期二下午，收到六年前我在高中任教时教过的一个学生发来的信息："老师好！"

"下午好！"我回复他。

"最近工作怎么样，李老师？"

我禁不住笑了起来。因为我的个人公众号上有一段时间没有发表文章了，总会有学生发信息来询问我的工作怎样或者身体怎样。我想，这个学生大概也是因为我这段时间极少在自己公众号发文章才发信息问我吧。

我回复他："还可以，这个学期课不多，比较轻松。"

星期四下午，这个学生再次发信息给我："李老师，我想请您帮个

忙，您能帮我写写我公司的简介吗？我都不知道如何下笔。"

真行，居然让老师帮他写公司的简介！

"你写好后，我可以帮你看看文字。如果自己写不出来，可以在网上请别人帮忙嘛。"

"我是相信李老师您，才想请您帮帮忙的。"

"对公司，我一无所知，我只能帮你看看文字有没有语病。其他帮不了的。"

但他还是把自己公司的一些资料发给我，请求我帮他写一份简介，并说"写得像文章那种就行了"。

我看了他发的资料，突然有点恼火，立即打电话给他："你应该自己写，我帮你看看文字有没有问题。现在你让我来给你写，这不是让老师给你当秘书吗？这怎么行？"

"李老师，我是相信您，您就帮一下学生吧。"

"你自己想办法。"我说。

两天过去了，我没有再收到这个学生的信息，也没有再接到他的电话。今天一大早，我想：他的公司简介写好了吗？我前天和他说话时不应该带着火气。我甚至反思起来：自己的学生高中毕业了，连一份简单的公司简介都不会写，作为他的语文老师，我不是也有责任吗？

反思之后，我觉得这次还是要帮一帮这个学生。于是我根据这个学生发的资料，帮他写了一份简单的公司介绍。

我把写好的公司简介发给这个六年前高中毕业的学生，并发信息给他："根据你的资料，我整合了一下，你看行不行。如果不行，你得找专门做文案的人帮你写了。"

"可以的，李老师。李老师的文采杠杠的，感谢李老师！"

我问这个学生："现在知道语文重要了吧？"

他回复："是啊，现在我知道语文的重要性了！"

这个学生高中毕业六年后才知道语文的重要性，作为他的语文老师，我是有责任的。

(2022 年 6 月 4 日)

看得见的效果：写完此文，我不但反思自己以前的教学，也检查自己现阶段的教学，要求自己努力把现阶段的教学与学生长远的未来联系起来。

运用教育叙事引导
师范生更好地成长

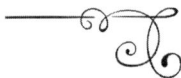

师范生是大学生中特殊的群体，他们是明日之师、未来之师，是我们教育事业的接班人。师范生的素质关乎教育的质量，关乎国家和民族的未来，给予师范生更多的关注与引导，是师范院校教师应尽的责任。最近几年，我尝试用教育叙事从多方面引导自己所教的师范生，希望他们通过阅读这些教育叙事，初步了解应该如何备课、上课，如何管理班级，如何处理好与实习学校师生的关系……我希望通过教育叙事帮助师范生更好地成长，将来成为优秀的人民教师。

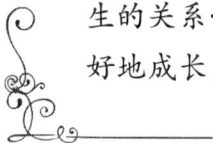

一、用教育叙事引导师范生学会上课

例文 1

语文课上的歌声

写作起因

> 实习生在上语文课时两次引进歌唱，整节课气氛热烈，形式活泼。其中一次歌唱与教学重点关系不大，导致这堂课的"语文味"不浓，有喧宾夺主之嫌。我写下《语文课上的歌声》，引导师范生用好歌声，提醒他们不要把语文课上成音乐课。

实习生小林性格活泼开朗。课如其人，她讲六年级《古诗三首》中刘禹锡《浪淘沙》这首诗的时候，把歌唱引进语文课堂，整堂课气氛热烈，形式活泼。

在这节课的教学中，小林两次引进歌唱。第一次引进歌唱，是她在讲到单元人文主题"大地"的时候播放了 Beyond 唱的中文版《大地》。这首歌的演唱视频中，歌者唱得很投入，加上他们身后不断变化的宏大背景，场面非常震撼。受到感染，学生也跟着唱起来，气氛非常热烈。播放演唱视频之后，小林用 PPT 展示了一个问题："从《大地》这首歌曲当中，你感受到了什么样的情感？"围绕这个问题，学生踊跃发言，有说"非常欢快"的，有说"情感丰富"的，有说"是回忆"的，有说"是对大地的一种想念"，有说"是走向未来"的……我统计了一下，由歌曲《大地》及其引发的问题，花了差不多 7 分钟。

小林第二次引进歌唱，是她正式教学刘禹锡《浪淘沙》这首诗的时候。在教学的过程中，她设计了"有趣记忆唱古诗"这样一个教学环节。在这个环节里，小林先播放一遍《浪淘沙》的歌曲："九曲黄河万里沙，浪涛风簸自天涯。如今直上银河去，同到牵牛织女家。"接着，她和学生一起跟着视频唱。学生跟唱之后小林让学生朗读一遍诗句。朗读之后，她又和学生一起跟着视频唱了两遍。之后她让学生挑战不跟着视频唱，而是自己唱。学生居然能够唱下来了。最后，这节课在学生集体背诵《浪淘沙》中结束。我发现，虽已下课，有的学生仍在吟唱《浪淘沙》。

在语文课上唱歌是需要慎重的事情。处理不好，很容易受到诟病："把语文课上成音乐课。"从课堂教学效果来看，小林这堂课第二次引进歌唱是成功的，因为她通过歌唱的形式引导学生圆满完成了这节课一项重要的教学任务——《浪淘沙》一诗的背诵。但是，第一次引进歌唱是需要改进的。歌曲《大地》主题虽然与这个单元的人文主题有关，但不能因为有关就在教学中安排学生听唱甚至探究这首歌的情感。这个环节可以简约一些，引导学生了解这个单元的人文主题即可，不必安排《大地》的演出视频以及这首歌曲情感的探究。

歌曲《大地》的演出视频活跃了课堂，学生喜欢，作为听课者，我也很喜欢。但它放在这节语文课中有喧宾夺主之嫌。如果小林以后再上此课，我建议她忍痛割爱，删去这个教学环节。

（2022 年 12 月 27 日）

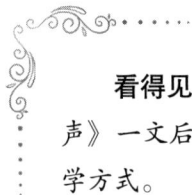

看得见的效果：那位上课的实习生看了《语文课上的歌声》一文后表示，以后设计教学的时候会考虑选择更恰当的教学方式。

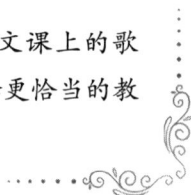

例文 2

手持教棒敲讲桌

发现一位实习生在上课过程中多次手持教棒敲讲桌，用这种方法来维持课堂秩序。我写下《手持教棒敲讲桌》，指出这种做法是不恰当的。

一位年轻的实习生给二年级的小朋友上《寒号鸟》一课。一开始，这位实习生引导小朋友们认识"寒号鸟"。她用 PPT 展出有关寒号鸟的相关知识。她指着 PPT 里面的寒号鸟图片说："寒号鸟可不是我们平常见的鸟。"

有一个小朋友问了一个问题："它为什么叫寒号鸟？"

实习生做了解答。但还有一些小朋友不理解，继续追问这个问题。加上一些小朋友在说话，教室里有不少的吵闹声。这时，实习生用教棒敲了几下讲桌，教室马上安静了下来。

实习生继续介绍寒号鸟："寒号鸟另一个名字是复齿鼯鼠，是啮齿类动物……"在实习生介绍寒号鸟的时候，有小朋友问了一些与课文内容无关的问题。实习生一边说"好啦，好啦"，一边用教棒敲着讲桌。

进入齐读课文的环节，小朋友们读得参差不齐，实习生用教棒敲着讲桌说："齐读！"

至此，上课不过 3 分多钟，实习生已经用教棒敲了三次讲桌。

接下来有 20 多分钟，教学顺利进行，师生互动良好，实习生没有敲讲桌了，我想："终于不再敲讲桌了。"

可是，课上到 25 分的时候，这位实习生又用教棒敲了两次讲桌，原因是在对"喜鹊"与"寒号鸟"进行比较时，一些小朋友没有好好听讲。

课上到 27 分的时候，实习生用敲讲桌的方式来组织小朋友分角色朗读课文。这是她第六次用教棒敲讲桌。

也许是课上到一大半时，小朋友们的注意力越来越难以集中的缘故，在剩下的十几分钟里，实习生敲了四次讲桌。

这个教学视频我看了两次，发现这位实习生在一节课中先后十次用教棒敲讲桌，借此来维持课堂纪律。

低年级小朋友上课吵闹或注意力不集中是常有的事情，教师在课堂上偶尔用教棒敲一下讲桌无可厚非。如果在课堂上频频用教棒敲讲桌，非但不能产生良好的效果，反而会让人觉得授课教师组织教学的能力不够强。

用教棒敲讲桌，以此来维持课堂秩序，这种做法不可取，教学中应该少用，最好不用。

（2022 年 12 月 26 日）

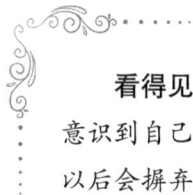

看得见的效果：这位实习生看了《手持教棒敲讲桌》后，意识到自己上课过程中用教棒敲讲桌的做法是不妥的，她表示以后会摒弃这种做法，用文明科学的方式维持课堂秩序。

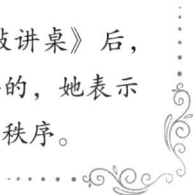

例文 3

你累吗

语文教学技能训练课上，几个师范生的演练都是"老师"讲得多，甚至一讲到底，这样的教学方式违背了以学生为主体的原则，不仅教学效果不好，授课者也很累。我写下《你累吗》引导师范生在练习上课的过程中要落实以学生为主体的教学原则。

上午第三、四节课，我听了 2021 级汉语言文学专业 5 班第一小组的几位同学的微格训练课。

第一个上台的是小黄同学，她讲的是陶渊明的《归去来兮辞》。小黄从导入到作者简介、写作背景、题解，再到序文探究、诗句解析，一路讲下去，9 分多钟几乎没有停过。小黄走下讲台，我问她："你累吗?"

"累。"小黄笑着说。

我问其他同学："大家知道她为什么累吗?"

"不知道!"组长小李第一个说。

我转向小黄："你知道自己为什么累吗?"

小黄回答："知道，我讲得太多了。"

"你确实讲得太多了，你应该采用有生试讲的形式来练习，"我说，"教学的过程中除了老师的讲授，还应该有学生的朗读、思考、讨论问题、回答问题等内容。"

我告诉同学们：微格训练的过程中，大家都有同学陪练，训练中同学就是"学生"，大家练习讲课的时候应该采用有生试讲的形式，不能自己一讲到底。

虽然我一再强调练习讲课的过程中一定要安排"学生"的活动，但后面几个同学一时做不到，差不多也是像小黄那样采用"无生试讲"的形式，以自己讲为主。

"明明有同学陪练，你们为什么都要采用'无生试讲'的形式？"

"我怕讲不完。"一个同学说。

"讲不完可以减少内容，不能总是老师一个人讲而没有学生的活动。没有学生活动的教学算不上真正的教学。"

几个同学试讲之后，我做了总结。接着我要求同学们下星期试讲时一定要采用"有生试讲"的形式。学生是教学的主体，上课过程中一定要有学生的活动，不能由教师一个人一讲到底。

上课过程中有学生的活动，不但可以确保教学更加有效，还可以在很大的程度上解放教师，让教师在上课过程中变得轻松一些。下个星期如果同学们能够按照我的要求去做，我就不用问他们"你累吗"这个问题了。

（2023 年 11 月 23 日）

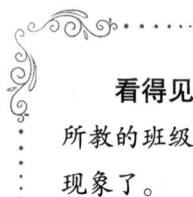

看得见的效果：《你累吗》在我的公众号上发表之后，我所教的班级的学生在教学演练中很少再出现"一讲到底"的现象了。

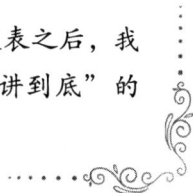

二、用教育叙事记录师范生的精彩瞬间和高光时刻，引导更多师范生走向优秀

例文 **1**

激情澎湃

　　学生符晓霞的《黄河颂》教学导入演练，别开生面、激情澎湃，让我难忘。我写下《激情澎湃》，为她点赞。

　　上星期四上午第四节课，2018级汉语言文学专业6班的符晓霞同学在课堂上进行了《黄河颂》的教学导入演练，她那别开生面、激情澎湃的导入让我难忘。

　　演练开始，晓霞首先播放光未然作词、冼星海作曲的《黄河大合唱》。"风在吼，马在叫，黄河在咆哮……"气势恢宏、慷慨激昂的合唱，豪迈奔放、铿锵有力的旋律，让人听了热血沸腾，台下很多同学跟着唱起来。

　　回肠荡气之中，晓霞对"学生"说："相信大家听了合唱后，脑海中一定有画面，心中一定有感悟，哪位同学来分享一下？"

　　"学生"1："黄河是气势磅礴的。"

"学生" 2："黄河那浩浩荡荡的河水像千万匹奔驰的骏马。"

"学生" 3："'保卫黄河，保卫我们祖国'的歌声在耳边回荡。"

晓霞肯定了"学生"的分享，她说："同学们回答得真好，老师和你们一样，听了这首歌之后心情也很激动澎湃啊！我们就是应该有保卫黄河、保卫祖国的爱国之心。"

接下来，晓霞安排了一个让我意想不到的环节：

晓霞："请同学们站起来，手握拳头，想象自己身处抗日战争时期，把'少年强则国强，保卫黄河，保卫祖国'这个口号大声喊出来！"

台下的"学生"（站起来，手握拳头）喊："少年强则国强，保卫黄河，保卫祖国！"

"学生"的口号不够响亮，晓霞做了示范，只见她像宣誓入党时那样手握拳头，高声喊："少年强则国强，保卫黄河，保卫祖国！"

全班"学生"受她感染，也手握拳头，跟着她高声喊："少年强则国强，保卫黄河，保卫祖国！"

晓霞和 6 班的同学们都投入其中，此时我已经分不清他们是在演练还是在正式上课了。

接着，晓霞对她的教学做了收束：

"从同学们震撼人心的口号声中，老师感受到了同学们的爱国情怀。老师为你们点赞！是啊，黄河被誉为'母亲河'，她滋润了这片肥沃的土地，哺育了一个黄皮肤的伟大民族。在国家生死存亡的关头，在抗日的烽火燃遍祖国大地的时候，诗人站在高山之巅，向黄河母亲唱出了豪迈的颂歌。让我们走进我国著名诗人光未然的诗歌《黄河颂》。读一读，品一品，感受黄河的无穷魅力和不朽精神。"（板书课题）

晓霞的教学演练结束后，我难抑激动，说道："这导入真是激情澎湃啊！我们语文老师上课时就应该富有激情，晓霞具有成为一名优秀语文老师的潜质！"

（2021 年 3 月 14 日）

看得见的效果：符晓霞告诉我，我的教育叙事《激情澎湃》给了她莫大的鼓舞，激励她一路勇敢前行！符晓霞毕业后，通过考试成为编内教师，她很激动，再次感谢《激情澎湃》给予她的力量。

例文 2

写作
起因

为"背诵式导入"点赞

通过《为"背诵式导入"点赞》，肯定"背诵式导入"是一种很好的教学导入方式，引导师范生多读多背中小学课文。

上午第二节课，在综合楼 A 栋的 604 教室，2018 级汉语言文学专业 6 班的同学有条不紊地进行教学导入的演练。第六个上台的是坐在前排的一个穿黑色连衣裙的女同学。她快步走上讲台开始了教学导入演练。她演练的是《春》这篇课文的教学导入。

她清了清嗓子说："上课！同学们好！"

台下的同学很配合，齐声说："老师好！"

屏幕上的 PPT 显示，准备演练的是钱秀岚同学。

秀岚像给学生正式上课那样说："请坐。"

接着，秀岚正式开始了她的教学导入演练。

秀岚："同学们准备好了吗？请跟着老师一起走进语文学习的殿堂。"

台下的同学（配合着）："准备好了！"

秀岚："同学们，朱自清先生有一支生花的妙笔，他能够把抽象的东西表达得生动、形象、具体化。大家在小学时学过他的哪篇散文呢？"

台下的同学（配合着）："《匆匆》。"

秀岚："对，《匆匆》，同学们还记得内容吗？能背一段吗？"

台下的同学：（沉默）

秀岚："同学们回忆一下，闭上眼睛想一想，我来背一段：'于是——洗手的时候，日子从水盆里过去；吃饭的时候，日子从饭碗里过去；默默时，便从凝然的双眼前过去。我觉察他去的匆匆了，伸出手遮挽时，他又从遮挽着的手边过去，大黑时，我躺在床上，他便伶伶俐俐地从我身上跨过，从我脚边飞去了。等我睁开眼和太阳再见，这算又溜走了一日。'"

秀岚："是不是非常具体、生动和形象呢？这就是语言的魅力，今天我们一起来学习朱自清的另一篇散文《春》。"

与其他同学的教学导入相比，秀岚的导入没有动听的音乐，没有震撼的视频，但她的导入展现出她过硬的背功。秀岚用背诵这种方式导入，很特别，也很值得肯定，我当堂表扬了她。

下课之后，秀岚问我："老师，我今天的导入怎样？"

"很好啊！"我说。

秀岚的背诵式导入确实很好！我们教师经常要求学生多读多背，但在要求学生多读多背之前，教师首先要多读多背。在语文教学中，教师的范读范背能够起到很好的示范和引导作用。多读多背，教师强调 100 次，往往比不上自己范读范背一次。可是遗憾的是，在实际的教学中，要求学生背诵的课文，教师很多时候自己却背不出来。

今天秀岚同学不一样的背诵式导入值得肯定，值得点赞！

（2021 年 3 月 9 日）

看得见的效果：钱秀岚说《为"背诵式导入"点赞》让她深受鼓舞，在后来的教学训练中她更加投入、更加努力。2024 年 2 月，已经参加工作的钱秀岚再次谈起《为"背诵式导入"点赞》，她认为这篇教育叙事对她有深远的影响，表示自己也会写作教育叙事，记下学生的高光时刻，让学生得到激励。

例文 3

追 问

写作
起因

大三的学生懂得在教学演练中采用"追问"的方法，令我十分惊喜！我写下《追问》，表示对他们的出色表现给予肯定和鼓励。

今天上午第一节课上的是"语文教学设计与教育实习"这门课，2018 级汉语言文学专业 4 班的同学们接着上个星期的内容，继续演练朗读指导。第三个上台的是温冼鸿同学。她演练的是闻一多《红烛》一诗的朗读指导。

冼鸿同学用提问的形式导入教学后，简单介绍了《红烛》的写作背景，接着便开始了范读：

红烛啊！

这样红的烛！

诗人啊！

吐出你的心来比比，

可是一般颜色？

冼鸿很有感情地朗读了诗歌的第一部分。范读完，冼鸿指名一位"学生"来点评一下她的朗读。这位"学生"站起来说完"老师读得很好！重音和节奏都读得很好！"就准备坐下去，这时候，冼鸿追问"学生"："比如呢？"

"学生"回答："老师在'这样'的后面做了停顿，'一般'一词读了重音，这样就把感情读出来了。"

在这个教学环节中，"老师"的追问是一个很大的亮点。在"老师"的追问之下，"学生"的回答更加具体深入了。

我没想到我们的同学在演练中能够用到"追问"这种教学方式。冼鸿的"追问"给了我一个很大的惊喜。

今天上午，同样给我惊喜的还有2018级汉语言文学专业5班的梁开明同学。开明在演练《爸爸的花儿落了》一文的朗读指导时，让一位"学生"点评同学的朗读。这位"学生"一站起来就说："很好!"

开明马上追问："为什么这样说?"

"学生"回答："很有感情!"

开明继续追问："哪里有感情呢?"

"学生"指出那位同学朗读时的动情之处。

"老师"的连续追问，让"学生"的回答步步深入。

课后我看了温冼鸿、梁开明同学的教学设计，我发现，"追问"并不是她们的预先设计，但是当"学生"回答不具体、不到位时，两位"老师"能够随机应变，用追问来把教学推向深入。我们大三的同学在教学演练中表现出这样的机智，令我十分惊喜!

为"追问"点赞!为两位同学点赞!

(2021年3月22日)

看得见的效果：不少学生在教学练习中，也仿效采用这种"追问"的教学方法。2024年2月，梁开明告诉我："老师写的《追问》让我懂得'追问'的价值，我现在在教学中也经常'追问'学生。"

例文 **4**

未来可期

实习生冯赋诗借鉴特级教师的做法，大胆把甲骨文知识引进小学课堂，取得良好的教学效果。我写下《未来可期》，肯定和表扬冯赋诗。

在今天之前，如果有人和我说，一年级的语文教学与甲骨文有紧密的联系，应该让小学一年级学生接触一些甲骨文知识，我会十分怀疑这种做法的可行性。可是今天我看了实习生冯赋诗给湛江市第十六小学一年级学生上的《江南》一课的教学录像之后，我觉得让小学一年级学生接触一些甲骨文知识不但可行，而且应该提倡。

冯赋诗这节课亮点不少。她上课很投入，而且像大姐姐一样温和，很有亲和力。小朋友们在冯姐姐的带领下，认真学习，踊跃发言。整堂课上得既有深度又生动活泼、浅显易懂，很好地完成了教学任务。尤其难能可贵的是，冯赋诗的识字教学既有创意又切实可行，给我留下深刻的印象。

在教学"采"字的时候，冯赋诗展出一张图片，指着图片告诉学生甲骨文"采"字是怎样来的。一听甲骨文，我心里咯噔一下：和一年级小朋友提及甲骨文行得通吗？没想到小朋友们对此表现出浓厚的兴趣。

在教学"鱼"字的时候，冯赋诗又展出一张图片，图片中画着一条鱼，还有简体字"鱼"和甲骨文的"鱼"字。冯赋诗展示图片后，让学生仔细观察图片并找出"鱼"的图案与甲骨文的相似之处，之后她向学生提出一个问题："简体字'鱼'与甲骨文有什么不同之处？"

听到这个问题，我心里又咯噔一下：给一年级的小朋友提这个问题，不是难为他们吗？

没想到一个小朋友居然回答了！他说："甲骨文的'鱼'有尾巴，简体字'鱼'没有尾巴，只是下面有一横。"这个回答太出乎我的意料！完全颠覆了我对小学一年级学生的了解。

看完这节课的录像之后，我立即联系了冯赋诗，和她说了我的看法："看到你的提问设计，我觉得和小学一年级学生讲甲骨文不可行，但听了学生的回答之后，我发现识字教学中讲一讲甲骨文也是可行的。"

我问冯赋诗："你是怎么想到给小学一年级的学生讲甲骨文的呢？"

她说："一年级学生比较喜欢感性的东西，图片或者甲骨文具有形象性的特点，更能吸引他们去学习。我之前在网络上看了一些课例，印象较为深刻的是西瓜视频中特级教师史春妍老师上的《江南》，她上这节课时就用了甲骨文、象形字来教学生字。"

"你能把你看的课例链接发给我吗？"

冯赋诗发来史春妍老师上的《江南》一课的链接，我看完后发现史老师用甲骨文、象形字来教学生字，能激起学生浓厚的学习兴趣，识字教学的效果非常好。

接着，我又搜索了史春妍老师的相关报道，对她的识字教学理念和实践有了进一步的了解。

我非常认同史春妍老师把甲骨文引进低年级识字教学的理念和做法。

看完冯赋诗的教学视频，我感到很欣慰。赋诗在实习期间能够虚心学习，借鉴特级教师的教学经验，学以致用，她的未来值得期待！

（2021 年 12 月 21 日）

看得见的效果：冯赋诗受到鼓舞，表示以后会继续向名师学习，让自己在教学路上走得更快、更好！

例文 5

**写作
起因**

你的精彩，我能看见

看到实习生梁朝阳在课堂上的精彩表现，我忍不住写下《你的精彩，我能看见》，为梁朝阳点赞，也想借此让其他实习的学生了解好课应该怎样上。

今天上午，我观看实习生梁朝阳在给湛江第十六小学四年级 4 班上《精卫填海》一课的教学视频时，被他精彩的教学吸引住了，我一边观看一边做了观课记录。朝阳这节课上得很不错，有不少精彩的地方，我选择其中最精彩的环节——生字教学环节分享给大家。

《精卫填海》一课要掌握"少""帝""曰""溺""返""衔"这几个生字的读音和写法。

梁朝阳让一位学生读一读"少""帝""曰""溺""返""衔"这几个生字。学生读错了两个，把"曰"字读成"日"字，把"衔"字读成"街"字。为了让学生真正掌握"曰"与"日"、"衔"与"街"这两组形似字，朝阳这样组织教学：

师：刚才这位同学把"曰"字读成什么字？

生（集体）："日"字。

师：对。

师：还有"衔"字，这位同学读成什么字？

生（集体）："街"字。

（朝阳老师在黑板上一笔一画写上"曰"与"日"、"衔"与"街"

这两组形似字，书写工整美观。）

师：这两组字确实不好认，有没有哪位同学愿意当小老师给大家讲一讲？

生（坐在第一排一个穿黄色衣服的女同学走上讲台）："曰"字比较窄，而且比较扁，"日"字比较长，而且比较窄；"衔"字中间是金字旁，"街"字中间是两个土。

师：好，刚才这位同学讲得很好！大家掌声鼓励！

（生鼓掌）

师：刚才这位同学讲得很好，"曰"字比较扁，"日"字比较窄，另外还有一点大家需要注意，"曰"字里面的这一横与右边这一竖是没有完全连起来的，但是"日"字里面中间这一横与右边这一竖是完全连起来的。

师：区别"衔"字与"街"字，老师告诉大家有一个好方法可以记住它们。"衔"字的组词是——

生：军衔。

师："军衔"就是军人肩章上有一些小金星，大家看"衔"字中间是不是金字旁？

生（集体）：是！

师：另外，老师要提醒一下，"衔"字是左中右结构，三个部件占位平均并且是紧密结合在一起的，同学们写的时候不能把它们分开，要写得紧凑一些，特别是中间的"钅"尽量写得纤长一些。

师："街"就是一条道路，两个"土"就是"街"。

师：请同学们给这些生字组词，并写下来。写完之后，同桌之间相互检查。

（学生写生字，朝阳老师在教室里查看）

看完梁朝阳的上课视频后，我慢慢回味他这节课，发现这个生字教学环节特别精彩。作为实习生，梁朝阳在教学中能突出学生的主体地位，能引导学生突破学习的重难点，还能随机应变。梁朝阳的教学如此精彩，他的未来值得期待。

（2022 年 12 月 21 日）

看得见的效果：《你的精彩，我能看见》让梁朝阳得到鼓励，他更加认真地备课、上课。这篇教育叙事发到实习群后，反响热烈，实习生们纷纷为梁朝阳点赞，同时还就怎样上好一课展开讨论。

例文 **6**

精彩的导入

　　学生谢金婷设计的《登高》教学导入很精彩，让我眼前一亮，欣喜之余写下《精彩的导入》以示肯定和鼓励。

　　今天上午，看了 2020 级汉语言文学专业 5 班谢金婷同学设计的《登高》教学导入，眼前为之一亮。

　　金婷是这样设计《登高》教学导入的："有这样一位诗人，他曾见过'稻米流脂粟米白，公私仓廪俱丰实'的大唐盛世。意气风发的他，勇攀高峰，想要'会当凌绝顶，一览众山小'。他毕生的梦想是'致君尧舜上，再使风俗淳'，可收获的却是'残杯与冷炙，到处潜悲辛'。当历史的车轮滚滚向前，盛唐的哀乐骤然响起时，天子出逃，白骨露野，昔日繁华，化为尘土，他只能痛哭'国破山河在，恨别鸟惊心'。他征程万里，终未能扶住将倾之厦，病卧而逝。同学们，现在你们知道这位诗人是谁吗？（生：杜甫）是的，他就是忧国忧民的诗人杜甫（PPT 展示杜甫画像），今天我们就陪这位命运多舛的诗人登高一回。"（展示《登高》一诗）

　　我反复看了几遍，感觉金婷这个教学导入可圈可点：用诗的语言来导入诗歌教学，语言饱含激情；制造悬念，吸引学生；有师生的互动；多处引用诗句，能够引导学生注重积累。

　　设计《登高》的教学导入时，金婷也许参考了名师的教学设计，甚至某些地方完全采纳了名师的教学设计，这个是允许的——上课不是写文章，写文章强调原创性，模仿痕迹浓就有抄袭之嫌；但是别人优秀的教学设计，只要适用，我们上课时可以加以采纳，用到我们的课堂上。结果我了解到，金婷的这个教学设计是原创的。我好惊喜！

开学几周，金婷几次把她的教学设计和试讲视频发给我看，寻求指导。她的好学让我印象深刻。今天看到她精彩的教学导入，不禁写下这篇短文给她点赞。

（2022 年 9 月 25 日）

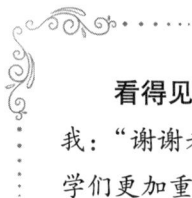

看得见的效果：《精彩的导入》发到班群后，谢金婷感谢我："谢谢老师的肯定。"其他同学也纷纷给谢金婷点赞。同学们更加重视教学导入的设计了。

例文 7

值得一听的吟诵

写作起因

　　龚志豪在试讲中的吟诵可圈可点，我写下《值得一听的吟诵》肯定、鼓励龚志豪，也引导其他师范生在语文教学中恰当使用吟诵法。

　　"语文教学技能训练"这门课程结束之后，我要求学生交一个作业——一个 8～10 分钟的试讲视频。2020 级汉语言文学专业 7 班的龚志豪同学提交的是试讲《沁园春·长沙》（毛泽东）的视频。

　　试讲开始，志豪饱含激情，导入新课："我们在文学的世界中走来，好像一直少了一样东西。声音——一份独属于文字的声音，同学们在以往的学习过程中，往往只关注文章的内容、结构、艺术特色，却忘了文字也有声音的魅力，特别是诗词。今天我们跟随毛主席的步伐，到湘江去，到橘子洲去，去看看革命青年的风采，去喊出我们这个时代青年的声音。现在请同学们自由朗读毛主席写的《沁园春·长沙》。"

　　接着，他引导"学生"逐句想象画面。在这个基础上，他逐句指导"学生"朗诵《沁园春·长沙》。在他的指导下，"学生"朗读得很有感情。

　　讲了内容又朗读了诗词，别的同学试讲《沁园春·长沙》可能只有以上内容，可志豪不满足于此。接下来他有一个很出彩的教学环节——吟诵。

　　在"吟诵"这个环节，志豪先讲了吟诵的要领——平声长、仄声短，接着，他用自创的调子吟诵了《沁园春·长沙》的上阕。志豪在吟诵时，有吟唱，有朗诵，吟唱与朗诵相结合。诗词本来就押韵，志豪自创的调子又很好听，再加上好听的嗓音，吟诵效果很好，值得一听。

我好奇志豪为什么能在诗词教学中如此自如地运用吟诵，他告诉我，他学过吟诵，还参加过省级朗诵比赛。难怪他的吟诵能如此出彩！

(2023 年 1 月 12 日)

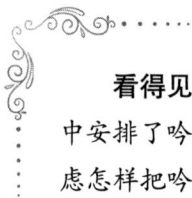

看得见的效果：龚志豪说："我当时只是突发奇想在试讲中安排了吟诵，但是得到老师的肯定，我很开心，决定好好考虑怎样把吟诵和诗词教学更好地结合起来。"

三、用教育叙事引导师范生要注意讲礼貌

例文

不打招呼

　　学院领导和几位老师到实习基地检查实习工作，在与实习生见面的过程中，实习生没有和老师们打招呼。我写下《不打招呼》，提醒学生要注意讲礼貌。

　　上午，我陪同学院梁副书记到湛江市第十六小学检查实习工作，同去的还有张老师和辅导员梁老师。

　　在陈婷副校长的名班主任工作室，我们和十一位实习生代表开了一个小型座谈会。

　　座谈会上，梁副书记先是亲切询问了同学们在实习过程中各方面的情况，大家你一句我一句作了汇报。接着梁副书记勉励同学们要学会统筹兼顾，既要做好实习工作，又要备战考研，还要积极向各地学校投递就业资料，为后续的就业做好充分的准备。

　　梁副书记对同学们在实习中的表现很满意，不过座谈过程中，她特别指出同学们有一点做得不够好，那就是在座谈会开始之前，大家见到自己的老师都没有打招呼。梁副书记说："你们可能不熟悉我，不打招呼不奇怪。但李老师、张老师是你们的实习指导老师和任课老师，梁老

师是你们的辅导员，大家对他们是很熟悉的，见面没有主动和老师们打招呼是不对的。"梁副书记不说我还没注意到这点，经她提醒我才想起座谈会开始之前同学们确实没有和老师打招呼。

今天同学们与老师见面不打招呼，可能是大家来得匆忙，可能是大家只顾着低头看手机，也可能是早已形成的一种习惯。不管什么情况，都不能成为见了老师不打招呼的理由。

师范生是未来的老师，将来要为人师表，更应该注意讲礼貌。希望同学们养成见面打招呼、讲礼貌的良好习惯，以后见到老师、长辈能够主动上前问好、打招呼。

(2023 年 11 月 6 日)

看得见的效果：《不打招呼》除了教育学生要讲礼貌，还引起我们学院领导和老师对部分学生不讲礼貌现象的关注，学院领导几次强调要加强师范生的礼貌教育。

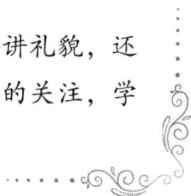

四、用教育叙事引导师范生养成良好的习惯

例文 1

你是谁

> 实习结束后要提交实习资料给老师，部分实习生忘记写上自己的姓名，给老师的工作带来很大的不便。我写下《你是谁》，提醒学生注意，提交资料要写上自己的名字。

这两天我收到 8 个同学发来的实习资料。8 个同学的文件夹命名都包含了他们的名字，但打开文件夹之后，我发现，只有 3 个同学在自己的课件和教学设计里署了名，其他 5 个同学的资料打开之后就不知道是谁的了。我只好一一对照，在他们的资料里添加上他们的姓名。我心里不禁有点恼火，都快要大学毕业了，他们怎么还不知道在自己重要的资料上署名的重要性？

无独有偶，今天早上有好几个同学和我加了微信，其中有 4 个同学先向我问好，接着发来实习资料，但就是没有说自己是谁。他们的微信名都是英文，我无法一一对号入座，于是给他们发去疑问："你是哪位同学？"收到我的疑问短信之后，他们才意识到这样做不妥，于是急忙自报家门，说清楚自己是谁。

每个人的名字都很重要，在关键的时候、关键的地方，一定要亮出

自己的名字。

第一次见面、第一次通电话，我们首先要做的事情就是自我介绍，让对方知道自己是谁。和别人加微信，也是要首先写清楚自己的名字，这是最起码的礼貌。不讲礼貌，接下来沟通、合作就不会顺畅。

在自己的资料上写上自己的名字，让接收资料的人一看就知道是谁的资料，这是给人提供方便，不给人家添加查找的麻烦。给人提供方便，不给人添加麻烦，你会获得对方的好感；反之，就会让人反感。

在重要的资料上写上自己的名字，是对自己负责。一些重要的资料，比如参赛、应聘的资料，如果没有写上自己的名字大概率会因此而错失机会的。试想，如果我们为了比赛，为了应聘，起早贪黑，夜以继日，废寝忘食，做了那么多准备，花了那么多心血，自以为很有希望，却因为没有在资料上写上自己的名字，以致失去比赛或应聘的机会，就算前期准备得再充分又有什么用呢？

在需要的时候说出或写上自己的名字，表明自己是谁，这是对他人的尊重，也是对自己的负责。这么重要的事情，同学们千万不要忘记！

（2021 年 12 月 17 日）

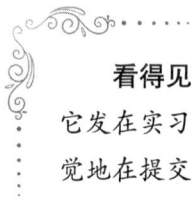

看得见的效果：《你是谁》写于 2021 年 12 月，当时我把它发在实习群、班群和我的公众号上，我带的实习生看后都自觉地在提交的实习资料上写上或补上自己的名字。这几年，每次收资料或收作业之前，我都会把《你是谁》转发到学生的学习群中，学生看后也都自觉写上自己的名字。《你是谁》不但影响了今年这批实习生，还影响到了他们的师弟师妹们。

例文 2

多重保障

> 上课的时候，教室里的教学平台断网了，保存在"学习通"的资料打不开，带来的两个 U 盘，一个没有反应，好在另一个能正常使用，上课得以继续进行。我写下《多重保障》记录这个课堂小插曲，提醒学生做事情要考虑多种可能，做好多重保障。

上午第一节课，我在 2021 级汉语言文学专业 6 班上"中学语文教学设计"。因为"学习通"软件比较方便与学生互动，一般情况下我都会用"学习通"上课，今天也不例外。

刚开始的时候，网络还是正常的，上了十几分钟之后，PPT 动不了了，电脑显示没有网络。好在我事先有准备，早上来校之前，我把课件保存进两个 U 盘里了。我从口袋里掏出一个 U 盘插入电脑的 USB 接口。奇怪！这个 U 盘在家里还好好的，怎么到了课室平台就没有反应了呢？我连忙从口袋里掏出另一个 U 盘。幸好这个 U 盘能正常使用。

我松了一口气，笑着说："好在有三重保障。"学生也笑了。

其实不止三重保障，是四重保证——除了把课件存到"学习通"和两个 U 盘，我还把它发到我的微信上。这么做是为了保证教室没有网络，或平台有故障，或 U 盘用不了的时候仍能继续上课。

我面对的是几十位头脑聪明的本科生啊！遇到上课设备异常的时候，我不敢随便东拉西扯忽悠他们，也忽悠不了他们。所以，上课之前我总是把各种可能出现的情况都考虑进去，做好多重保障，以确保教学顺利进行。

（2023 年 3 月 1 日）

看得见的效果：不少学生看了《多重保障》后给予点赞，部分学生留言，表示以后做事情也要像老师这样做好多重保障。

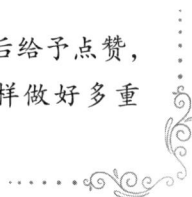

例文 3

 **论文存在电脑里**

> 有的学生毕业论文的初稿只保存在电脑中，导致电脑不在身边，就无法把论文初稿发给老师批阅，影响了论文写作的进程。我写下《论文存在电脑里》，引导学生养成用多种方式保存重要资料的习惯。

时间过得飞快，又一个周末到了。大清早，我突然产生了紧迫感——得认真看一下同学们的毕业论文初稿了。

我在 2019 级学生论文群里给自己指导的几个同学发了通知，让他们把写好的论文初稿发给我批阅。

很快我就收到一个同学的短信："李老师，早上好！我这边有一个教招的面试，这几天一直在这边准备，毕业论文在学校的电脑里，请问我可以明天面试完再回去发给您吗？"

接着我又收到另一个同学的短信："老师，我因为要应聘，这几天不在家，3 号下午才到家，论文初稿我存在电脑里面了，可以等我回家了再发给您吗？"

这两个同学论文初稿完成得早，我准备表扬她们。但她们只把论文存在电脑中，导致电脑不在身边就发不了，这一点我要批评她们了。

不管是论文还是其他重要的资料，做好了，除了存在电脑里，不是也应该存在其他地方备份吗？每次完成一项重要的工作，生成文件之后，我除了把文件存放在自己的电脑中，一般还会存到 U 盘和手机里，以便保存和随时随地使用。出远门的时候，我还会把一些重要的资料发到网盘上，不管自己到了哪里，只要有网络就能调出来使用或转发出去。离开电脑就无法转发文件，这种事情在我看来有点不可思议。

我是 60 后，尚且还要与时俱进，用便捷、先进的方式妥当保存和使用自己的资料，00 后的年轻人不是更应该这样吗？

（2023 年 3 月 31 日）

看得见的效果： 不少学生看完《论文存在电脑里》后表示，以后一定要用多种方式保存重要资料。

例文 ④

你们经常练笔吗

写作起因

　　写作能力是汉语言文学专业学生重要的能力，练笔是这个专业重要的作业，可是相当一部分汉语言文学专业的学生很少练笔。我写下《你们经常练笔吗》引导学生加强练笔，提高写作能力。

　　我很关心汉语言文学专业学生的写作情况。

　　每年在上"教育叙事和教学案例写作"这门选修课的第一节课时，我总要郑重其事地问学生一个问题："你们经常练笔吗？"我说，我需要真实的答案。除了极个别的学生说自己经常练笔之外，绝大多数学生坦言：很少练笔。

　　与实习生闲聊的时候，我也经常问他们："你们经常写文章吗？"我听到的答案大多数是：很少。

　　毕业论文答辩会上，有学生写的是中小学写作方面的论题，我问答辩的学生："你平时有没有经常写一点东西呢？"这位学生回答："以前很少，以后会努力做到经常写。"

　　我之所以这么关心汉语言文学专业学生的写作情况，是因为这个专业的学生毕业之后，绝大多数都会成为中小学语文教师，对于语文教师而言，写作是非常重要的教学技能。缺少这项重要的教学技能，也就意味着无法胜任语文教学工作，更无法成为一名优秀的语文教师。经常写作的语文教师给学生上阅读课，会引导学生真正读懂课文；经常写作的语文教师给学生上写作课，除了讲写作理论，还能够结合自己的写作经验给学生切实有效的指导。

中小学生特别需要擅长写作的语文教师指导他们的写作。当教师给学生布置一道作文题，他们会问："老师，这篇作文怎么写?"

"老师，这篇作文怎么开头?"

"老师，怎样结束这篇文章?"

有的学生会说："老师，您也写一篇给我们看看。"

⋯⋯⋯⋯⋯

面对学生的这些提问和要求，有练笔习惯、经常写文章的教师往往能够给学生满意的答案和提供有效的帮助。平时极少写作的教师，只能用一些苍白无力的理论去应付学生。语文教师教学生写作文，要靠实力，不能一味地敷衍。

学生对语文教师有很高的期待，他们崇拜有写作经验、写作水平高的语文教师。语文教师上写作课的时候，如果肚里没有干货，不能给学生切实有效的指导，学生是会很失望的。久而久之，他们就会对自己的老师失去信心。学生一旦对自己的老师失去信心，这种情况下开展教学，教学效果可想而知。

汉语言文学专业的学生要想成为一名优秀的语文教师，就要勤于练笔，最好能够写一手好文章。在与学生交流的过程中，我了解到很多学生也想练笔，也想经常写一点东西，但他们总说，作业太多，没有时间练习写作。

因为作业太多，所以没有时间练习写作? 在我看来，汉语言文学专业最重要的一项作业就是练习写作，这项作业对于将来要当语文教师的学生来说太重要了，它关系到这些学生将来能否胜任语文教学工作，能否成为优秀的语文教师等重大问题。

练笔，是汉语言文学专业学生最重要的作业。如果你是汉语言文学专业的在读生，如果你将来想成为一名优秀的语文教师，就必须经常做这项作业——练笔。如果每天写不了一篇文章，你就写一段文字;如果写不了一段文字，你就写一两句话。长期坚持，锲而不舍，练就过硬的写作基本功，就能为将来成为优秀的语文教师打下坚实的基础。

九月，我又将迎来一批新的学生，到那时，我同样会问他们一个问题："你们经常练笔吗?"

（2022 年 5 月 11 日）

看得见的效果：部分学生开始重视练笔，不少大四的学生在实习期间坚持写作教育叙事。

五、用教育叙事引导师范生注意着装

例文 1

裤脚拖在地板上

写作
起因

  一位实习生基本功好，课也上得好，但是上课时她的裤脚却拖在地板上，不够雅观。我写下《裤脚拖在地板上》提醒师范生：作为教师，上课时要注意着装，穿着要得体。

  一位实习生给小学六年级的学生上课，她上的是《盼》一文。

  她首先从课文题目入手开展教学："我们要学的课文的题目是什么？"

  学生齐声回答："《盼》。"

  实习生在黑板上写下"盼"这个字。这个"盼"字她写得很好，结构合理，工整美观。

  "'盼'是什么？"她问学生。

  "'盼'是盼望、期待。"

  "那你们有没有'盼'过某些事情呢？"

  学生踊跃发言，说出自己各种各样的期盼。

  这个教学导入是成功的，一下子就激发了学生学习的积极性。

  接着，教学进入"识字教学"的环节。这位实习生重点指导学生学习"嚷""酱""唇"三个字的书写。她从结构、笔顺、笔画几个方面进行指导。在这个过程中,她发挥自己擅长书写的优势,一笔一画地给学生示范,学生模仿书写,使得识字教学落到实处。我一边看她的教学录像,一边感叹:小学阶段如果每个语文教师都像这位实习生这样进行识字教学,还愁我们的学生写不好字吗?

这节课后面几个教学环节也可圈可点。仅就教学而言,这堂课是不错的。但遗憾的是,这位实习生的衣着不够得体,影响了这节课的整体效果。

这位实习生穿着一条又长又宽的牛仔裤,裤脚是喇叭状的,开着叉。因为裤脚太长了,她走动的时候,裤脚就拖在地板上,看起来不够雅观。

人们常说教师是美的化身。教师的美来自渊博的知识、优雅自然的教态,也来自教师得体的穿着。所以,实习生在实习过程中,除了学习怎样教学之外,还要了解,作为一名教师,怎样穿衣打扮才是得体的。

(2021 年 12 月 30 日)

看得见的效果:《裤脚拖在地板上》发出几分钟之后,文中被写到的实习生发信息给我说:"谢谢老师提醒!以后我一定会注意着装问题。"

例文 ②

穿着舞裙赛课

写作起因

一个学生在学院举行的师范生技能大赛中因为穿着不得体影响了得分，我写下《穿着舞裙赛课》，提醒所有师范生上课时穿着要得体。

因疫情影响，我们学院一年一度的师范生教学技能大赛改为线上举行。虽在线上举行，但并不影响学生参赛的热情。隔着手机屏幕，我明显可以感受到参赛的学生为了让评委教师看到自己的亮点而做的种种努力。

有一名参赛的学生上的是朱自清的《荷塘月色》。她一上来就在黑板上画出一幅荷花图，虽是简笔画，但画得很好，画出了文中所写的荷花的神韵。

这名学生的教学设计科学合理，普通话讲得很好，讲课也很有感情。她的粉笔字工整美观，随着上课的深入，"光""影""动""静""虚""实"几个好看的粉笔字恰到好处地出现在荷花图的周围。板书设计得很有艺术感，也显示出这名学生对文本的把握是相当到位的。

总体来看，这名学生在比赛中的表现是出色的，我给她打了一个很不错的分数。本来她还可以得更高的分数，可惜的是，她的着装不太得体，被扣了一点分。视频中，这名学生穿着一款黑色的背带裙，裙摆左边高至大腿、右边低于膝盖，裙子左半部分有褶皱、右半部分是平整的。裙子的款式新颖时髦，但是左边的裙摆高至大腿，年轻人穿来在舞台上跳舞没问题，但穿来上课就不够得体了。

合适的着装能够给比赛增色添分。在学校去年举行的"思考乐杯"

师范文化节教学技能大赛中，文传学院的谭杏华同学获得第一名，那天她身穿一条淡绿色的碎花连衣裙参赛，与她所上的《清平乐·村居》中"溪上青青草"的清新优美的意境非常吻合，那条淡绿色的碎花连衣裙肯定能给她加分。

穿什么样的服装上课，关系到上课的整体效果，每一位想当教师的师范生都应当把它当作一门必修课。

（2022 年 5 月 16 日）

看得见的效果：《穿着舞裙赛课》发在学习群和朋友圈后，不少学生点赞、留言，认同文中的观点。

六、用教育叙事引导师范生正确对待犯错的学生

例文

九次举手

> 上课引起课堂骚动的男生被教师罚站后，他九次举手都没有机会回答问题。我写下《九次举手》提醒实习生：作为教师，要给犯错的学生改正错误的机会。

刚刚看完一位实习生的上课视频，我的心情有点不平静。

这名实习生上的是五年级《太阳》一课。上课铃响了一两分钟了，教室里还有部分学生没有坐好，还可以听到吵闹声。这时，这位实习生说："我看哪个小组的同学坐得最端正。"她这样一说，各小组的学生马上坐好，教室一下子安静下来。我在自己的观课笔记上记下这个亮点，并打上一个"√"。

接下来，是导入教学环节，复习第一节课的关联词，这位实习生示范书写"繁"字，梳理课文内容，教学有条不紊地展开。这位实习生上课时声音干净、语速适中，书写工整漂亮，表达清楚流利。我看着教学视频，心里想着："这名实习生具有成为一名优秀教师的潜力，是棵好苗子。"

课上到9分钟的时候，第一组第三排有一个男孩违反课堂纪律，引

起了小骚动。在场听课的指导老师及时站起来帮助实习生，课堂安静下来。课上到 14 分钟的时候，刚才引起课堂小骚动的那个男孩又做起了小动作，这时实习生走过去对那个男孩说："你站起来。"

男孩站了起来，课堂教学继续进行。接下来，实习生组织学生学习《太阳》一课中的说明方法。她让学生指出"其实太阳离我们约有一亿五千万千米远"和"太阳上去，如果步行，日夜不停地走，差不多要走三千五百年；就是坐飞机，也要飞二十几年"两个句子中的说明方法。几名学生举起手来，包括刚才被罚站的那个男孩，这是他第一次举手。

实习生没有叫被罚站的男孩回答问题，她叫了第三组倒数第三排的一个男孩。被罚站的男孩扭过头来，很羡慕地望着回答问题的同学。这时，我看清楚了被罚站的男孩的脸。我感到有点奇怪，因为他看起来不怎么像顽皮捣蛋的学生。

进入到仿写的教学环节中，实习生说要找两个学生说说仿写的答案，那个被罚站的男孩也举起手来，这是他第二次举手，不过他似乎觉得老师不会叫他回答问题，便很快又把手放了下来。

课上到 31 分钟 30 秒时，被罚男孩第三次举手要回答问题，他把手举得高高的，一直等到老师叫其他同学回答问题，他才放下手来。

课上到 32 分钟 45 秒时，被罚男孩第四次举手要回答问题，没有被叫到。

课上到 34 分钟 28 秒时，被罚男孩第五次举手要回答问题，没有被叫到。

…………

课上到 38 分钟 14 秒的时候，被罚男孩依旧举手要回答问题，这是他第九次举手，但仍然没有被叫到。这时，我注意到，他的脸上写满了失望。此后还有其他学生举手要回答问题，可是被罚站的男孩不再举手了。

看完这个教学视频，我的心情有点沉重，我担心那位被罚站九次举手得不到回答问题机会的男孩，担心这种惩罚会在他心里留下阴影。希望他是一个喜爱学习的学生，在以后的课堂上仍然会高高举起手来要回答问题，希望他是一个乐观开朗的阳光男孩，下课铃一响，又能够与同学们一起嬉戏打闹了……

（2022 年 12 月 22 日）

看得见的效果：文中提及的实习生认识到自己的错误，表示在以后的教学中一定会规避这类错误的做法。

七、用教育叙事引导师范生勇敢面对压力

例文

迎难而上

写作起因

　　线上训练语文教学技能确实有局限、有困难，可三名学生却不畏困难，迎难而上，表现出色。我写下《迎难而上》引导更多的学生迎难而上，利用有限的条件，练好教学技能。

　　"请问这周的技能训练是线上还是线下呀？"

　　"明天还要上网课吗？"

　　…………

　　这几天 2020 级汉语言文学专业 5 班有好几名同学问了星期三的语文技能训练课是线上还是线下，还有同学直言网上试讲像"朗读指导"，这样的训练没有"学生"配合，只能是空谈。

　　我劝慰他们，疫情期间，实践性很强的技能训练课由线下转为线上，对大家的学习和情绪确实有不小的影响。但是焦虑与烦躁无助于问题的解决。正确的做法是迎难而上，上网课时我们要训练能够训练的内容，以降低疫情对学习及情绪的影响。

　　我发现，同样是上网课，2020 级汉语言文学专业 7 班的同学的焦虑与烦躁相对少一些。这可能与阅历有关，这个班是专插本班，同学们

的阅历要丰富一点，遇事也相对沉稳一点。

要说困难，7 班同学也有他们的困难。这个班 43 名同学中有 12 名同学专科读的是非师范专业，他们之前没有学过"中学语文课程标准与教材研究"和"中学语文教学设计"这两门课程，现在要进行语文教学技能训练是有难度的，但同学们迎难而上，恶补之前没有学过的理论知识，逐渐缩短与那些学过语文教学理论知识的同学之间的距离。

上个星期六（10 月 8 日），龚志豪、邹花和刘钰琪三名同学在腾讯会议上进行了试讲，内容是"朗读指导"。他们的表现可圈可点。

虽然是线上训练，但三名同学都与扮演"学生"的同学有较为充分的互动，要求"学生"朗读，扮演"学生"的同学就开麦朗读，"学生"朗读不到位，"老师"就启发引导"学生"把握文本内容与情感后再进行朗读，三位"老师"还大胆范读。

邹花试讲的课文是《山居秋暝》，她在指导"学生"朗读"空山新雨后，天气晚来秋"时，先让"学生"想象：假如身处这样的环境，你们的心情会是怎样的？再引导"学生"读出作者自由自在的心境；在指导"学生"朗读"明月松间照，清泉石上流"时，邹花设计了几个问题追问"学生"：一轮明月升上来，诗人看到了什么，又听到了什么呢？诗人会觉得这样的声音很吵吗？在"老师"的启发引导下，"学生"领会了诗歌的意境与情感，他们读得很到位。

龚志豪在指导"学生"朗读杜甫的《登高》时，先引导"学生"咀嚼"哀""萧萧""滚滚""悲""独"等词语的含义后再朗读，"学生"朗读不到位，"老师"又几次范读。虽是试讲，却像真的在上课一样。

刘钰琪在指导"学生"朗读《出塞》时，很有梯度：先是要求"学生"读准字音，再要求"学生"读准节奏，接着要求"学生"读出感情。

　　线上训练语文教学技能确实有较大的局限性，可三名同学却不畏困难，迎难而上，表现出色，令我难忘。

（2022 年 10 月 11 日）

　　看得见的效果：我把《迎难而上》发给有语文教学技能训练课的两个班群后，不再有学生发牢骚，他们都克服困难，认真训练。

八、用教育叙事培养师范生的良好品格

例文 **1**

认真投入

> 谭炜和他的同学在"朗读指导"训练中认真投入，高兴之余，我写下《认真投入》给他们点赞，期待更多的同学像他们一样认真训练。

上午第三节课，2018 级汉语言文学专业 5 班开始"朗读指导"训练。

第一个上台的是谭炜同学。他演练的是《背影》中的一个文段的朗读指导。他向大家讲了设计意图之后，就开始按照事先设计好的教案进行演练。

谭炜站直身姿，深深吸了一口气，说道："我要调整一下。"话音刚落，同学们就笑了起来。他调高声音，充满感情地说："同学们好！现在我们开始学习怎样有感情地朗读《背影》中的一个文段。"

"老师"（用 PPT 展出文段）："通过刚才的文本分析，我们已经体会作者对父亲愧疚的心情，那么我们要怎样来读这一文段呢？"

"学生"："要用比较缓慢的语气来读，不能太快，语调要委婉，最好营造出一种凝重的氛围。"

"老师"："是的，你说得很好。现在我们已经明确了总体阅读的方法，还有哪位同学能说说核心语句应该怎么读吗？"

"学生"："'这时我看见他的背影，我的泪很快地流下来了。我赶紧拭干了泪。怕他看见，也怕别人看见。'这一句要读出悲伤哽咽的语气，而后面的'怕他看见'则要读出一种快速、羞愧的语气。"

"老师"："你说得非常好，这句话是该文段的核心语句，是最能体现作者愧疚心情的句子。下面就先让老师范读一遍下面的文段，大家要边听边注意老师是怎么读的。"

接着谭炜用低沉缓慢的男中音朗读了下面的文段。

我说道："爸爸，你走吧。"他往车外看了看，说："我买几个橘子去。你就在此地，不要走动。"我看那边月台的栅栏外有几个卖东西的等着顾客。走到那边月台，须穿过铁道，须跳下去又爬上去。父亲是一个胖子，走过去自然要费事些。我本来要去的，他不肯，只好让他去。我看见他戴着黑布小帽，穿着黑布大马褂，深青布棉袍，蹒跚地走到铁道边，慢慢探身下去，尚不大难。可是他穿过铁道，要爬上那边月台，就不容易了。他用两手攀着上面，两脚再向上缩；他肥胖的身子向左微倾，显出努力的样子。这时我看见他的背影，我的泪很快地流下来了。我赶紧拭干了泪。怕他看见，也怕别人看见……

谭炜的朗读很有感情，读到最后，我们听到了悲伤哽咽的语气。他范读结束时，教室里响起热烈的掌声。

范读之后，谭炜安排"学生"齐读。"学生"很认真地朗读了这个文段。在"学生"朗读的时候，"老师"也和"学生"一起朗读。

在训练的过程中，谭炜是认真投入的，5班的同学们也是认真投入的。谭炜把自己当成真正的老师，5 班的同学们把自己当成真正的学生，他们一起营造了良好的学习氛围。

（2021 年 3 月 15 日）

看得见的效果：谭炜和班里的同学们认真练习的态度得到肯定后，更加认真了。谭炜还说："看了老师的这篇文章后，我树立起坚定的职业信心。"受到影响，班里其他同学也认真投入教学训练中。

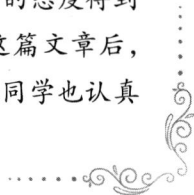

例文 2

执 着

> 林咏玲对学业的执着令我感动，写下《执着》为她点赞。

3月中旬，我们开始朗读指导教学。一天，2018级汉语言文学专业4班的一位同学把她的《金色花》朗读教学设计课件发给我，让我指导："老师晚上好，这个是我准备在课堂上展示的PPT，请老师指教。"

"设计不错，字是不是小了一点呢？"过了一会儿，她再次把课件发给我："老师，这个是我修改后的PPT，请问还有什么地方需要修改的吗？"

"请问还有什么地方需要修改的吗？"她这一问让我多看了一眼她的名字，记住了"林咏玲"三个字。

这个月的中旬，为了参加文学与传媒学院举办的说课比赛，咏玲下了很多功夫，她把自己说课的PPT发给我看，根据我的建议做了修改后再次发给我："老师晚上好，根据您提的意见，我完善了PPT，我想麻烦老师再指点一下。"她这次的"想麻烦老师再指点一下"让我想起了她上次说的"请问还有什么地方需要修改的吗"，我知道自己遇到了一个好学而又执着的学生。在说课比赛中，咏玲表现不俗，获得了特等奖。接下来，她再接再厉，修改课件，录制上课视频，争取能获得参加校级教学技能大赛的资格。

咏玲的字写得清秀美观，她想在提交的视频中展示自己的板书，就选择在有黑板的大教室里录制上课视频。我提醒她，在大教室录制的视频声音、视觉效果可能不太好。她第一次录制视频的效果印证了我的话，于是我建议她到微格教室录制，但咏玲为了显示自己板书的优势，坚持在大教室里录制上课视频。一次录制效果不好，就录两次、三次……一直到满意为止。最后她终于录到了令人满意的视频。看了咏玲录制的视频，我不得不佩服她的执着。

年轻人有这种执着的精神，还有什么事情做不好呢？

(2021 年 4 月 28 日)

看得见的效果：林咏玲深受鼓舞，越发执着，表现也更加出色。参加工作后，林咏玲发信息给我："我清楚记得我大三时老师您写的教育叙事《执着》。在那篇教育叙事里，老师您为我准备比赛过程中的执着点赞，使原本毫无自信的我很受鼓舞！老师您也在我心中播下了教育叙事的种子。如今作为一线教师的我也在努力将学生的成长以及我个人的成长轨迹记录下来，写出属于我自己的教育叙事！"

例文 ③

等来好结果

写作
起因

　　陈雪晴主动请教、积极进取，还乐于帮助一起准备比赛的竞争对手，我写下《等来好结果》为她点赞。

　　5月20日那天，因为要准备岭南师范学院第二届师范文化节教学技能大赛，陈雪晴与我成为微信好友。她主动加我微信，并做了自我介绍："老师好，我是2019级汉语言文学专业2班的陈雪晴，在文传学院的师范生技能大赛中获得一等奖，以后要麻烦老师指导一下我了。"

　　我回复她："我们一起努力！"

　　在文传学院的师范生技能大赛中获得一等奖的学生一共有九名，他们将代表学院参加学校第二届师范文化节教学技能大赛。这九名准备参加校赛的选手中，我负责指导三名，雪晴是其中的一个。

　　雪晴在学院的比赛里获得一等奖的九名选手中，是第七名，排名比较靠后，想在校级教学技能大赛中获奖难度比较大。说实话，在准备比赛的起始阶段，我并不怎么看好她，但她一直积极主动求教。

　　成为微信好友的第一天，她就问了好些教学设计的相关问题，接着很快就发来了她的教学设计。

　　雪晴的教学设计采用表格的形式，内容一目了然，看起来很舒服，PPT也做得很好。为了把控好时间，她写了讲稿，反复试讲，多次与我商量怎样才能讲得更好一点。她主动请教、积极进取的品格给我留下很深的印象。

　　在比赛前夕，同组备赛的另一位选手是雪晴的师妹，她觉得自己的教学设计形式不够理想，我建议她也像雪晴那样采用表格的形式来设计，如果不懂得如何制作表格，可以问问雪晴。后来，这位选手得到了雪晴的帮助，她说："雪晴师姐教给了我很多经验，她人真好！我好感动！"

我和这位选手说："她在准备比赛的同时，还能去帮助竞争对手，确实令人感动！"

比赛的前一天，雪晴还在完善她的PPT，我预祝她超常发挥，取得好成绩。

5月29日下午，比赛一结束雪晴就给我发短信："老师，我结束比赛了，答辩的时候有点卡顿，其他的还好，希望有好结果。"

比赛结束后，我的工作更忙了，也就忘记了问他们比赛的结果。有一天，雪晴终于等来了她期待的好结果，她给我发来了获奖的好消息："老师中午好，师范生技能大赛终于出结果啦，我拿了二等奖，谢谢老师的指导！"

雪晴虚心好学，追求进步，在紧张的备赛过程中还能够帮助竞争对手。具有这些美好的品格，在以后的人生路上相信她一定能够不断等来好结果！

（2022年6月25日）

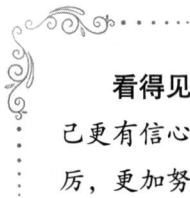

看得见的效果：《等来好结果》让陈雪晴深受鼓舞，对自己更有信心了。在学校师范生技能大赛获奖后，陈雪晴再接再厉，更加努力进取，在2022年11月举行的第十届广东省本科高校师范生技能大赛中表现不俗，获得了三等奖。

例文 ④

坚守实在

"实在"是一种可贵的品格，年轻的实习生在教学中显现出这种品格更加难能可贵。我写下此文，给坚守实在的杨雪点赞。

实习生杨雪在附中给七年级学生上《走一步，再走一步》时，我到现场听了她的课，发现她的课上得很实在。

在上新课之前，杨雪先组织学生复习旧课，还检查了学生对上一篇课文《诫子书》重点词语的掌握情况。学习了《诫子书》之后，学生对课文中重点词语的意思掌握了没有呢？杨雪对学生的检查可不是流于形式，她没有采用传统的问答形式检查一两个学生，而是要求全班学生拿出练习本，用3分钟的时间把"明志""淫慢""险躁""治性""年与时驰""穷庐"六个词语的意思默写下来。默写完之后，各组小组长把本组同学的默写收齐交给老师。

复习旧课后，杨雪开始了新课《走一步，再走一步》的教学。在教学新课的过程中，杨雪安排了"词语教学""整体感知，把握内容""精读课文，研读探究""归纳拓展"等几个教学环节。

在"词语教学"这个环节，杨雪检查了词语的读音和解释并把答案展示在屏幕上，还给出时间让学生做笔记。

在"整体感知，把握内容"这个环节，杨雪重点指导学生复述故事。在指导学生复述故事的时候，杨雪把这个教学环节细化为以下几个小步骤：

（1）用笔勾画出课文中与六要素相关的句子。

（2）用简洁的语言把课文中的六要素概括出来。

（3）复述课文基本的故事情节。

杨雪给足时间让学生阅读、勾画和组织答案，先让学生完成前两个任务，再让学生复述故事。学生复述完之后，教师点评，然后再展示参考答案。

杨雪的这个教学环节是实实在在的，通过教师的一步一步引导，让学生逐步理解课文。接下来的其他环节也都很实在，让这堂课的教学目标落到了实处。

语文教学需要实在。不管是词语积累，还是阅读和写作，无论哪一个方面的教学不实在都会影响学生的学习效果。我们年轻的实习生上课能如此实在，让我感到欣慰。

非常巧，杨雪在附中实习的指导老师是我大学时的同学。我感谢老同学对实习生的悉心指导。我的这位老同学说："这些实习生很认真，在你的教导下挺实在。"

我对老同学说："我们都实在，我们语文老师也应该坚守这种实在。"

（2021 年 12 月 4 日）

看得见的效果：在接下来的实习中，杨雪继续坚守实在，出色地完成了实习任务，被评为"优秀实习生"。

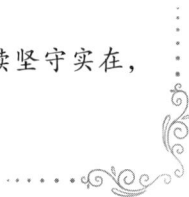

例文 5

细节见品格

两位实习生随手关窗、到办公室清扫积水，让实习学校的领导看到了她们的良好品格。我写下《细节见品格》，希望实习生们向她们学习。

下午，湛江市第十六小学负责实习工作的陈校长在带队老师与实习队长这个群里发信息表扬岭南师范学院文学与传媒学院的江颖欣、徐艳梅两位实习生，说她们随手关窗，下午还最先到办公室清扫积水。陈校长用"细节见品格"来表扬她们。陈校长还发了两位实习生随手关好窗户的图片。

我回复信息感谢陈校长的反馈，并马上把陈校长的表扬截图下来发到我们文学与传媒学院实习群里加以表扬。

我正高兴，看见陈校长接着在群里发了另外两条信息："今天下午书法室所有的灯、空调都开着，但一个人也没有。这个书法室是给实习生使用的。""我现在下来关灯、关空调。老师们反映大队部和这个书法室经常开着灯和空调，但人离开后，灯、空调依然开着，这种情况已出现好几次了。"

陈校长还在群里发了语音，让各学院的实习队长要求实习生离开书法室、大队部时要随手关灯、关空调，如果大家做不到，学校就不能把这两个地方提供给实习生使用了。

看见陈校长的这两条信息、听到她无奈的语音，我觉得我们实习生在这方面确实做得不好。我赶紧在群里回复："谢谢告知，我们会及时跟进，对实习生进行教育。"

下雨天看见窗户开着，随手关上；离开工作的地方，随手关灯、关空调，这些事情很小，但正如陈校长所说的，细节见品格。越是细小的事情往往越能够看出一个人好的或者不好的品格。

江颖欣是我们文学与传媒学院在十六小的实习队长，工作非常出色。目前这个实习队只有一名副队长，还缺一名副队长。看完陈校长对江颖欣和徐艳梅两位同学的表扬之后，我马上想到让徐艳梅同学来担任空缺已久的另一个副队长职位，因为我相信陈校长所说的话："细节见品格。"

（2023 年 10 月 20 日）

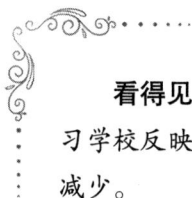

看得见的效果：越来越多的实习生注意做好小事，之前实习学校反映的实习生离开不关灯、随处放垃圾等现象大大减少。

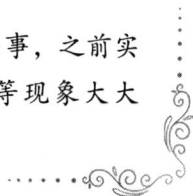

例文 **6**

快速成长

　　实习生小陈在短时间内完成了从只考虑小我到顾全大局的转变，化解了矛盾，让实习工作顺利开展，值得肯定和表扬。

　　前天实习生小陈知道自己被安排在一年级实习后，她就和我说，不想在一年级实习，想去高年级实习。我问她："为什么？"

　　"老师，是这样的，因为我之前社会实践的时候教过三、四、五年级的学生，我对高年级熟悉一点。"

　　"你已经比较熟悉高年级了，现在有机会在低年级实习，这样更好，小学高年级、低年级你都熟悉，对你以后的发展是很有好处的。"

　　"可是，我还是想到高年级去实习。老师，您想办法帮我调整一下吧。"

　　"你是不是觉得教一年级显得自己的水平太低了呢？"

　　"我就是不想在一年级实习。"

　　"其实，年级越低，越需要水平高的老师，也越能锻炼人。而且，现在已经定下来了，也不方便改动，你就安心做好实习工作吧。"

　　"好吧。"小陈低声回答。

　　"老师，我还是不想在低年级实习。因为在一年级实习就是管学生而已，学不到什么东西。"昨天小陈同学又发短信跟我说。

　　"谁说在一年级实习学不到什么东西呢？教一年级需要掌握更多的心理学、教育学方面的知识，需要更多的教育智慧。教一年级可以学到很多东西的。"

— 151 —

"您说得有道理，但是我就是不想在低年级实习，我很想到高年级实习。虽然这样很麻烦老师，自己也难受，但是我就是不想在一年级实习。"

见小陈这么固执，我只好答应她会与实习学校的领导商量一下。负责实习工作的陈校长有点为难："已经安排下去的工作，再做调整就不太好了。"

我把小陈的再三坚持告诉陈校长，陈校长这才同意做调整。

但是，调整之后，另一件更加麻烦的事情随之而来。今天一大早我了解到，小陈原来的实习搭档担心一个人在一个班实习要完成两个人的工作任务，她强烈要求实习学校另外安排一个同学来补上小陈调走后的空缺。我反复解释，实习学校不可能让她一个人去完成两个人的实习任务的。但是，不管我怎样解释，这位同学就是不同意。最后她说："这样不公平，为什么别的同学可以调整，我的问题却得不到解决？"我一时哑口无言。

接着，我想了几种方法都没办法同时满足两个同学的要求。

还是陈校长经验丰富，她说："我看小陈是一个懂事的孩子，这件事情因她而起，我们可以再做做她的工作。"

经陈校长这一指点，我改变了工作思路，去做小陈的思想工作。这次不用我说那么多，小陈自己检讨起来："老师，因为我，给您和陈校长带来这么多麻烦，我心里很难受，现在我想通了，我还是回到一年级实习吧。"

我喜出望外，一再感谢小陈的配合。

时间这么短，我想小陈的思想应该没有这么快就转过弯来，但是，当她意识到因为自己实习班级的变动，给实习学校制造了难题，还影响到别的同学的实习工作后，她最终战胜了自己，决定服从实习学校最初的安排。

小陈从最初只考虑自己，到后来考虑老师和同学，从只考虑小我到顾全大局，这种转变意味着小陈在短时间内已经有了快速的成长。祝贺她！

（2022 年 9 月 8 日）

> **看得见的效果：**小陈认识到在一年级实习同样可以学到东西，同样可以锻炼自己，接下来她安心实习，出色地完成了实习任务。《快速成长》肯定了小陈顾全大局的品格，对其他实习生产生了积极的影响，接下来没有实习生提出特殊的要求，大家都认真做好实习工作。

例文 **7**

为无畏的她们点赞

写作
起因

> 一批学生在毕业论文写作中不畏困难，勇敢探究新的论
> 题，勇气可嘉，值得点赞。

　　五月的岭南师范学院，火红的凤凰花满树地盛开着。

　　毕业季又到了，我得抓紧时间阅评 2020 级 20 位同学的毕业论文。

　　在这炎热的夏日里，读着同学们的毕业论文，如梁丹丹的《基于新课标视角下的师范生教研能力的提升路径》、罗琪琪的《偏远地区初中语文教学现状调查研究——针对粤西信宜偏远地区展开研究》、杨晓梅的《师范生语文课程观的考察及反思——以岭南师范学院汉语言文学专业师范生为例》、刘梦冰的《浅谈初中语文教学中如何开展翻转课堂教学》、廖有婷的《汉语教学怎么了——我国西藏地区小学语文教学困境案例探析》、李钰莘的《小古文教学研究分析》，我感到一股清新之气扑面而来。这些论文以其新颖的内容吸引我一读再读。

　　"师范生教研能力的提升路径""粤西信宜偏远地区初中语文教学""师范生语文课程观的考察及反思""翻转课堂教学""西藏地区小学语文教学困境""小古文教学研究"，这些研究内容是新颖的、独特的。但也正因为新颖独特，很少有论文、专著可借鉴，写作的难度是很大的。同学们在毕业论文写作中选取难度很大的题目来写作，这无畏的勇气，令人佩服。

　　上面这些毕业论文的作者中，罗琪琪、刘梦冰两位同学是我负责指导的。在确定选题阶段，我觉得她们的选题能够查阅的资料不多，怕她们最终完成不了论文的写作，几次劝她们放弃所选题目。我问过她们同样一个问题："选这样的题目，你能写得出来吗？"两位同学被我劝阻，虽有犹豫，但最终还是坚持自己的选择。在写作的过程中，她们遇到很大的困难，但不言放弃。她们花了很多的时间与精力去调查、思考和研究，最终按时完成了论文的定稿。我伴随她们一路走来，见证了她们的努力和艰辛，也被她们无畏的勇气所感动。

在交叉阅评时，我发现梁丹丹、杨晓梅、廖有婷、李钰莘等同学所写的论文选题角度非常新颖，我一边享受阅读的乐趣，一边想象她们写作过程中的种种艰辛，心里同样被年轻学子那种不畏困难的勇气所感动。

在阅评毕业论文的过程中，我发现部分同学把当前一线教师正在研究的热门话题作为自己论文的研究对象。像王广楠的《中华优秀传统文化融于语文课堂的路径探究》、陈心妍的《核心素养视角下小学语文古诗词教学策略研究》、陈屏屏的《"跨学科学习"任务群教学策略探究——以统编语文教材第四学段的说明性文章教学为例》、陈诗妍的《生命教育视野下小学童话故事教学内容探析》、汪洋的《群文阅读视域下高中古诗词阅读教学策略研究——以李白诗歌教学为例》、陈嘉嘉的《核心素养视角下的高中语文整本书阅读教学策略研究》，探究的都是当今中小学最前沿的教学问题。这些年轻的学子，这些明日之师，在还没走出师范院校大门的时候，就已经无畏地与中小学一线教师站在同一条起跑线上。我相信，无畏的她们，将来一定会勇立潮头，成为新时代教研教改的弄潮儿。

无畏是青春的特点，无畏才能有为。为青春点赞！为无畏的她们点赞！

（2024 年 5 月 8 日）

看得见的效果：被写学生得到肯定，备受鼓舞。她们的师弟师妹们看了这篇教育叙事，纷纷点评、点赞，表示要向师姐们学习。

九、用教育叙事引导师范生学会与人相处

例文 **1**

她的地盘她做主

写作
起因

　　实习生在实习期间不清楚自己的职责所在，不懂得与实习学校的指导老师如何相处。我写下《她的地盘她做主》给予指导。

　　"老师您好！我最近在顶岗实习中遇到了困难，冒昧向您求教……"

　　下午六点多钟正在做晚饭的时候，我收到一位在外地实习的同学发来的信息。刚看这条很长的信息的开头，我心里一惊，连忙放下手中的家务活，把这位同学的困难看个仔细。

　　"老师，事情大概是这样的：我在开学时与我所实习的那个班的同学约定好，凡是不完成作业、上课违反纪律、考试不写作文的同学都要在下晚自习后留下学习作文或者默写古诗词的。昨晚，我想把考试不写作文的同学留下，但下晚自习后我们班刚好要练习体育节闭幕仪式的节目（我事先并不知道）。下晚自习前3分钟，我去班里叫同学留下，我刚说完，站在讲台前的班主任就当着全班同学的面驳回了我的话，而且语气强硬，不容商量，那几个需要留下的同学立刻欢呼起来，我当时就

非常下不来台，只好默默回办公室。还没有走到办公室，我就泪眼婆娑了。其实，她当着全班同学的面回驳我的话已经不止一次了，之前有一次更加离谱……实习期间，我理解并且配合班主任的工作，她私底下跟我说明情况，我是能理解的……"

看完信息，我马上用微信与这位实习生进行通话。

我听得出来，这位实习生正在哭呢。我连忙安慰她："不要紧，有什么困难，我们一起解决。"

谈到她与班主任一起工作的事情，这位同学很委屈："像昨晚的事情，如果她提前告诉我有这件事，就算我已经把学生叫到了办公室，也一定会让他们回去参加练习的。可是她总是这样当着学生的面否定我……"

"这位班主任多次当着全班同学的面否定你，她处理问题的方式虽然不够妥当，但可以理解。你现在实习的班实际上是这位班主任的班，她要对她的班负责，要对她的学生负责，她的地盘她做主呀。"

"但是，我已经和学生约定好了，我要做到'言出必行'。"

"还是那句话，她的地盘她做主。你是实习生，你的任务除了学习教学，还要向这位班主任学习怎样当班主任。你现在最多是一个临时班主任，班级的活动怎样安排，你得听班主任的。"我说，"角色定位很重要，我们要认清自己的身份，找准自己的定位。"

"哦，之前我没有想过这个问题，我只是想到要'言出必行'。"

"另外，我们要学会换位思考，如果你是那位班主任，你会按照一个实习生的意见去安排班里的所有活动吗？"

"不会的。"

"所以，你要理解这位班主任。当然，这位班主任多次当着全班同学的面反驳你、否定你，那是她的不对，你不会这样处事，但你可以尝试着理解她、包容她。理解了她，包容了她，你就不会感到委屈了。"我说。

"好的，老师，我会按照您所说的那样去努力。"

"和我通话之后，你的心情好了一点吗？"我问这位实习生。

"好多了。"她笑了起来。

听到她的心情有所好转，我"得寸进尺"，对她提出更高的要求："改变不了那位班主任，你就改变自己吧。以后，在学生面前你和班主任意见不一致时，要维护班主任的权威，要维护班主任的面子，让学生按照班主任的要求去做。如果你这样做了，你与这位班主任的关系一定会好转起来的。"

"好的，我会努力改变自己，谢谢老师!"

过了一会儿，这位实习生给我发来信息："谢谢老师，我想清楚啦，虽然我的初心是想对学生负责，但我好像定位不准确，也没有换位思考，以后我会改变自己，配合班主任做好工作的，请老师放心!"

(2021 年 10 月 19 日)

看得见的效果：这位实习生摆正位置，改变了自己，积极配合班主任做好工作。

例文 2

要敢于拒绝

　　实习生不敢拒绝实习学校里某个老师的无理要求，要做很多分外的工作，导致自己很累。

　　上午收到实习生小黄的信息，她诉说了她最近在实习过程中遇到的烦心事："李老师，我最近遇到了一个问题，心里好烦。大概是这样的，我跟的导师是初一的，一位初三的老师上周五要参加比赛，周五恰好有领导来检查作业，语文科组长在上周二的时候就叫我去帮那位初三老师改两个班的作业。我因为不好拒绝，就答应了。然而接下来那位老师就得寸进尺了，她不仅让我校对期中试卷，还让我出答题卡，这些都还不算什么，有一天在没有事先和我打招呼的情况下，她让学生把两个班的作业拿给我改。第二天等我改完了，她又让学生把试卷拿下来给我改。"

　　我让小黄离开办公室，找一个方便说话的地方，我要和她直接通话。

　　过了一会儿，我用微信打电话给她："你现在方便说话吗？"

　　"老师，我已经离开办公室了，您请说。"

　　"你在初一实习，初三的语文老师一而再再而三地让你帮她改作业、试卷，她这样做是有点过分了。你可以拒绝她呀。"

　　"其实我内心是想拒绝的，我也和我的指导老师说了这件事，但是我的指导老师没有帮我说话。我不知道该怎样去拒绝那位初三的老师。"

　　"你就说你要备课，没有时间。"

　　"我已经和她说我要备课，没空帮她改了。可是她说等我忙完后再帮她改。"

"看来，我们要想一点办法才行。"我说。

"你有那位初三老师的微信吗？"我问小黄。

"我有她的微信，老师。"

"那你就给她发微信，把你的困难告诉她，取得她的理解。她理解之后应该就不会再给你添加额外的负担了。"

"万一她还拿作业和试卷给我改呢？"

我说："那你就要大胆地拒绝她，你在初一实习，初三的老师一而再再而三地让你帮她改作业、试卷，这是她的不对。她敢对你提出无理的要求，你为什么不敢理直气壮地拒绝她呢？"

"对，我应该理直气壮地拒绝她的无理要求！"

（2021 年 10 月 28 日）

看得见的效果：这位实习生终于敢于拒绝与实习无关的初三语文老师给她布置的额外工作，把精力集中在初一的工作上，顺利完成了实习。

十、用教育叙事给师范生以方法指导

例文 1

要讲不要背

> 学生在准备比赛的过程中所用的方法不对，她不是练习讲课，而是一遍遍地背讲课的文稿。我写下《要讲不要背》给她指导。

10月14日晚上，一位准备参加第十一届广东省本科高校师范生教学技能大赛的同学打电话给我，说她的准备达不到省赛的要求，不想去参加比赛了。这个电话令我好惊心，距离省技能大赛开赛（10月21日）只有短短的几天时间了！

好在这位同学决定退赛以后，郑宇婷同学临危受命，把比赛的重担接了过来。宇婷选了七年级《散步》这篇课文参赛。选好参赛篇目之后，宇婷分秒必争地备课，10月18日下午她给我发来《散步》的教学设计和逐字稿。

她发短信给我："总算写完了，不知道能不能背下来，我抓紧时间努力背一下。"

我回复她："要讲不要背，讲才自然。"

"好的，老师。"宇婷接受了我的建议。

昨天，宇婷参加了第十一届广东省本科高校师范生教学技能大赛并顺利完成了她的讲课，虽然只获得了优秀奖，但她用一个星期的时间完成了至少半年练习才能完成的任务，实在是可喜可贺！

今天早上，我接到宇婷的几条短信：

"老师，我们准备回程啦，在这次备赛和参赛过程中，我收获了很多。"

"我在舞台上尽量呈现了一个自然、轻松，师有教，生有学的课堂。因为第一次参加赛事，也是第一次面对这么大的舞台，非常紧张，说课部分和结尾部分表现得不太好，但是我得到了一个很好的锻炼机会，这几天熬下来，觉得整个人都不一样了。我想，我以后会更愿意、更有勇气面对赛事。"

"感谢老师在整个过程中给予我的指导和建议。我记住了您的那句话：'要讲不要背！'"

要讲不要背！我对备赛的同学说了这句话，今天我也想对所有正在备课，准备上台讲课的同学说这句话，希望对大家有一点帮助。

(2023 年 10 月 23 日)

看得见的效果：这位学生不再死记硬背讲逐字稿，而是练习讲课，取得了很好的效果。

例文 ②

哪些更重要

写作起因

引导师范生学会分析中小学教材，进一步理解编者的意图。

"比喻"这种修辞手法是课文《春》的一个重点教学内容。今天上午第三节课在 2021 级汉语言文学专业 5 班组织同学们分析教材的时候，我向他们提出一个问题："将来大家当老师，给学生上《春》的时候，应该重点选择哪些比喻句来开展教学？"

有的同学选了"桃树、杏树、梨树……都开满了花赶趟儿。红的像火，粉的像霞，白的像雪"中的"红的像火，粉的像霞，白的像雪"，有的同学选了"'吹面不寒杨柳风'，不错的，像母亲的手抚摸着你"中的"像母亲的手"。

"在《春》这篇课文中，'红的像火，粉的像霞，白的像雪''像母亲的手'这些比喻能不能作为教学的重点？"我问。

课室里一片沉默。

"课文最后三段也用了比喻句，这三段中，作者把春天比作'刚落地的娃娃''小姑娘''健壮的青年'，这三个比喻与前面的'红的像火，粉的像霞，白的像雪''像母亲的手'相比较，哪些更重要？"我继续问。

"课文最后三段的比喻句。"一个同学回答。

"为什么？"我追问。

"因为思考探究三要求学生要理解这三个比喻句。"这个同学回答。

"对了，这是课本的要求，教师在开展教学的时候，首先要落实编者的意图，完成课本的要求，不能抛开课本的要求不管，自己另外选择其他的内容来进行教学，除非课本要求学习的内容学生全懂了。"我说。

最后我和同学们强调，教材是重要的教学依据，在研究教材的时候，我们一定要反复揣摩，深刻领会编者的意图。编者把"春天像刚落地的娃娃""春天像小姑娘""春天像健壮的青年"这三个比喻作为教学的重点是有理由的。因为这三个比喻以人为喻体，通过人从小到大、由弱转强的成长来表现春天在不同时段的状态，生动形象，极富想象力和表现力。这几个比喻能够激发学生的想象力，具有很高的教学价值，而花"红的像火，粉的像霞，白的像雪"，春风"像母亲的手"这些比喻对初一的学生来说是比较容易理解的，可以一句带过，不需要作为教学的重点。

通过这节课，想必学生已经知道在《春》的教学中，哪些比喻更重要了。

（2022 年 10 月 28 日）

看得见的效果： 不少师范生开始重视并认真研究中小学教材，部分师范生初步懂得如何使用教材备课、上课。

十一、用教育叙事引导师范生加强教学技能训练

例文

绕不开的书写

写作起因

　　实习生的板书不好被小学生吐槽，我写下《绕不开的书写》提醒这位实习生和其他师范生要加强书写练习。

　　还有部分实习生的教学视频没有看完，我心里一直挂念着。今天天一亮，我就起床观看他们的教学视频。

　　上午我看了四位实习生的教学视频。四个教学视频中，给我印象最深的是第二个教学视频中一个小女孩说的一句话："老师写的字比我写的还要丑。"

　　第二个教学视频里面实习生上的是二年级第 13 课《寒号鸟》。导入新课之后，教学进入"重难点字书写指导"的环节。这位实习生选择"朗"字和"脚"字进行指导。

　　她问："'朗'字是什么结构?"

　　学生齐声回答："左右结构。"

　　这位实习生提醒学生不要把左边写成"良"字，接着她在黑板上一笔一画写出"朗"字。写完之后她要求学生把"朗"字写两遍。

　　看到这里，我听到视频里一个小女孩说："老师写的'朗'字分得太开了。"另一个小女孩说："老师写的字比我写的还要丑。"

学生写完"朗"字后，这位实习生接着简单指导学生写了"脚"字便进入下一个教学环节。

看完整节课的教学视频，我发现这位实习生在语言表达、启发学生思考问题、把控课堂纪律等方面都做得很不错。相比之下，书写教学确实是她这节课需要改进的地方。

"老师写的字比我写的还要丑。"童言无忌。小孩子怎么想就怎么说了。

要指导学生把字写"美"，教师首先要写一手能够给学生示范的"美"字。因此，书写就成为语文教师绕不开的基本技能。

早就想写一篇关于"书写"的文章来提醒汉语言文学专业的学生要加强书写练习，因为忙于观看大四学生实习期间的教学视频，一拖再拖。可是从今天早上开始，那个小女孩的声音不时在我耳边回响，催促我写下这篇文章。

本人的字写得也不美，也需要加强书写练习。写下此文，与大家共勉。

（2022 年 12 月 23 日）

看得见的效果：文中被写的实习生表示一定会加强书写练习，争取写一手好字，并付诸行动。一些书写还未达标的实习生也积极练习板书。

运用教育叙事
建设良好的师生关系

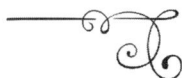

良好的师生关系是做好教育教学工作的前提。建立和维系良好的师生关系需要师生双方的共同努力，尤其是需要教师的不懈努力。我认为，在开展教育教学工作的过程中，教师应该主动向学生伸出橄榄枝。《主动一点又何妨》《想起年轻时候的自己》《我想记住你们的脸》……这些教育叙事就是我主动伸向学生的一枝枝橄榄枝。借助它们，我向学生表达想与他们建立良好关系的愿望和诚意。我的愿望和诚意得到学生的积极回应——在构建良好师生关系的过程中，一篇篇的教育叙事发挥着积极的作用。

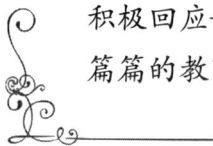

一、用教育叙事主动接近学生

例文

主动一点又何妨

写作
起因

> 部分学生迟迟不加我的微信，为了方便教学，我主动加他们的微信。我写下《主动一点又何妨》，向学生表明自己愿意主动靠近他们。

"教育叙事与教学案例写作"是我开的选修课，也是我最喜欢的一门课程。可是，这个学期上这门课的过程中，有一件事情令我有点不快，甚至让我有点失望，那就是开学之初我让学生加我微信，可几个星期过去了，还有部分学生迟迟没有加我微信。在我看来，一个想学习、追求进步的学生，应该主动与任课老师联系才对。

要上好这门课，就得了解学生的写作情况，而微信是现在联系学生、了解学生最为便捷的方式。可我是老师，他们是学生，他们不主动加我微信，我为什么要主动加他们的微信呢？因为存有这样的心理，我不想主动与学生联系。

时间一天天过去，我不主动与他们联系加微信，他们就不与我联系加微信，这样下去，他们可能等到这门课结束都不会跟我加微信的。我很想上好这门课，希望学生经常发一些习作给我看看，以便对他们进行针对性的指导。于是我不再计较那么多，主动与学生加微信。

在与学生加微信的过程中，我知道了他们的名字，了解到他们是哪个班的。看着学生一个个有着好听的名字，我的不快与失望减少了很多。直到今天，我与上"教育叙事与教学案例写作"这门课的 50 个学生全部成为微信好友。

今天下午在上第七、八节课时，我要求学生当堂写一则短小的教育叙事，让他们一写完就立刻发给我，我要把他们习作的题目汇总起来进行点评，进而引导学生学习拟写题目。

学生的写作速度比较快，第八节课没开始多久我便陆续收到学生发来的习作。我快速地把习作的题目摘取出来，让大家选择自己最喜欢的两个题目来点评。

课堂上，我叫着微信好友们的名字，感到很亲切。被点到名的十几个好友选择了《记忆里的时光》《我成为老师的第一份礼物》《我相信你》《惨不忍睹与冰雪聪明》《别折断孩子想象的翅膀》《大人的事对孩子的影响有多大》《拥抱》《充满热血的陪伴》《调皮大王也能当班长》《水滴石穿》《我一直看好你》《荷花是黑色的吗》《对付孩子就是凶》《你只管学》《多点鼓励》《老师点我了》等习作的题目进行点评。

以上习作的题目或富有悬念，或故事性强，或具有力量，或让人温暖……大家抓住了特点，他们的语言表达能力很强，点评很精彩。我充分肯定了学生的点评。这是开学以来我上得最开心的一节课。

下课之后，我还在回味刚才课堂上的精彩。好在我之前主动与学生加了好友，不然哪能这么快速地接收到大家的习作，又哪有今天这样精彩的课堂互动呢？我想，作为老师，为了教学，在与学生联系的过程中，主动一点又何妨？

（2022 年 9 月 30 日）

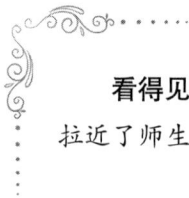

看得见的效果：我主动与学生加微信，既方便了教学，也拉近了师生之间的距离。

二、用教育叙事期盼良好的师生关系

例文

假如毕业照中没有老师的身影

> 我受邀参加学生毕业照相活动，发现有的班前来拍照的老师极少。是学生没有热情邀请老师，还是老师不重视这项活动呢？不管哪种原因造成毕业照中少有老师的身影，都反映出师生关系的淡漠。

"李雅老师，中午好！感谢老师您在大学四年里对我们的精心教导，我们2020级汉语言文学专业2班将于5月12日上午拍摄毕业照，2班所有同学诚挚邀请老师您抽空出席我们的毕业照拍摄活动。"昨天下午，我收到2020级汉语言文学专业2班郭江灵同学发来的邀请。

除了邀请短信，江灵还发来一张精美的邀请函，并表达了期待："期待老师的到来哦。"

2020级汉语言文学专业2班同学读大二的时候，我和他们一起学习了"中学语文教学设计"课程，有不少愉快的记忆。我很高兴地接受了邀请。

今天上午8点多钟，我来到拍照的现场（学校图书馆前），发现2班的班主任詹老师和另外几位老师已经在那里等候了。因为还没轮到2

班，我们几位老师就站在图书馆门前的树荫下等待。

很快，排在 2 班前面那个班的同学已经排队站在图书馆门前的阶梯上，他们朝气蓬勃，笑靥如花。我也上过这个班的语文教学技能训练课，不过没有接到这个班同学的拍照邀请。对此我并不感到奇怪，他们大学期间要学习几十门课程，不可能把所有的老师都请来拍毕业照。我感到奇怪的是，前排的凳子怎么就只坐着一位老师？是学生没有邀请其他老师，还是邀请了，老师们没空前来参加拍照？

"请大家看镜头，我们准备拍照了。"摄影师忙着指挥这个班的同学。

这时，这个班的一个女同学向我们几位老师跑来，她很热情地邀请我们和他们班的同学一起拍照。我们当中有三位老师没有上过这个班的课，连忙推辞，但这个女同学一再邀请我们参加拍照。盛情难却，我们便很高兴地坐到前排来与大家拍照。

接着，2 班的同学快速排队站好，和我们几位老师在图书馆门前拍下集体照。

今天拍照后，我老是想着这样一个问题：假如毕业照中没有老师的身影，若干年后，同学们拿起毕业照会不会觉得有点遗憾？

（2024 年 5 月 12 日）

看得见的效果：《假如毕业照中没有老师的身影》写的虽然只是一次拍照活动，却折射出师生关系的淡漠，也表达了我对良好师生关系的期盼。此文发到教工群、学生群、朋友圈、公众号后，引起大家热烈的讨论。

三、用教育叙事化解师生之间的矛盾

例文

想起年轻时候的自己

写作
起因

在指导函授学员写作毕业论文的过程中，我与个别学员发生冲突，我写下《想起年轻时候的自己》，主动向这位学员伸出橄榄枝。

我今年指导六个函授生写作本科毕业论文。

前几天我在阅读一个函授学员的论文时，发现她的论文第二部分不到 300 字，很单薄，必须充实。于是我打电话给她，要求她想办法充实这部分内容。本来是很正常的沟通，可是不知道这个学员哪来那么大的火气，她说："我的认识就是这样的，你要我怎么充实，我要去抄人家的东西吗？"

听她这么说，我也跟着恼火起来："这部分内容这么单薄，你不改论文就通不过！"

这次通话让我很不愉快，我想不通这个学员为什么会这样说话。接下来几天我都没有主动和她讨论论文修改的事情。

也许是觉得自己有点过分，也许是很在乎"论文通不过"这几个字，这个学员按照我的要求对论文的第二部分做了较大的修改，内容充实了很多，她主动和我联系，说话的语气温和了很多。我也原谅了她，心想也许她那天遇到了什么烦心事吧。

前天，我在与另一个学员讨论她的论文修改时，电话那头传来了小孩的哭闹声，小孩不断地喊"妈妈，妈妈"，这个学员感到很不好意思，讨论暂时中断，她安置好小孩之后与我接着讨论怎样修改论文。

这两天，那个小孩的哭闹声和一声声的"妈妈，妈妈"让我想起了年轻时候的自己。30 岁左右的时候，我正参加中山大学中文系举办的自学考试，也要写本科毕业论文。那时候，我的小孩还很小，正是需要妈妈关爱的年龄。我的自学和本科论文写作就是在孩子的哭闹声和稚嫩的"妈妈，妈妈"喊声中完成的。

想到年轻时候的自己，我的内心变得柔软起来，与几个函授学员讨论论文写作时态度也变得温和了很多。

（2023 年 10 月 11 日）

看得见的效果：与我有冲突的学员看到《想起年轻时候的自己》后发信息给我，解释了自己态度不好的原因并做了检讨。《想起年轻时候的自己》消除了我与学员之间的不愉快，加深了师生之间的相互理解。这个学员按照要求修改好论文，最后顺利通过了答辩。

四、用教育叙事记录师生之间的情谊

例文 1

我想记住你们的脸

写作起因

> 我还来不及记住每一位选课学生的脸，教育叙事写作课程就结束了。我写下《我想记住你们的脸》告诉学生，其实自己很想记住他们的脸。

昨天上午第二节课下课铃声响起的时候，这个学期的选修课程——教育叙事写作课程也随之结束了。

这门课怎么这么快就结束了呢？好像还有很多内容没有讲，好像没有教给学生多少东西，这门课怎么就结束了呢？

这门选修课的 43 个学生来自 2022 级汉语言文学专业 1 ~ 3 班。第一节课的时候，我问了所有学生一个问题："你为什么选择了这门课程？"

他们选课的原因不一样，有说为了学分的，有说是师兄师姐推荐的，有说是因为看了我的公众号的……不管他们选择这门课程的原因是什么，都注定了我们的相遇是美好的。

最近几年，我一直致力于教育叙事的写作与推广，所以当然会利用上课的绝好机会在学生的心田播下教育叙事的种子。我不但希望他们能学到教育叙事的入门知识，还希望他们毕业后能把教育叙事的种子带到各地的中小学校去。我想，通过自己开设的这门课程，通过选课的学生，一定能够把教育叙事的种子撒播到各地学校。想象着将来这些教育叙事的种子在多所学校生根、发芽、开花、结果，我心里总是美美的。

为了这美好的愿景，我非常认真地备好每一节课，想在有限的时间里教给学生很多的教育叙事的知识。我还用自己的科研成果奖励买了自己的教育叙事专著《教育叙事的力量》送给每一位选课的学生，希望他们通过这本书对教育叙事有更多的了解。

学生认真阅读了我的专著，都谈了他们的阅读感受，还写成文字发给我。他们站在读者的角度，读出了很多我没有想到的东西。听了他们的点评、看了他们的阅读心得，我对教育叙事的写作与功能有了进一步的认识。

为了开阔学生在教育叙事领域的视野，我把《湛江日报》教育叙事专栏的文章作为教育叙事写作实例引进课堂，让学生评析、借鉴。

…………

这只是一门选修课，只有一个学分，一般来说不需要下这么多的功夫，但在教学中，不管是我，还是选课的学生，都下了很多的功夫，做了很多看起来是额外的工作。

在教学这门课的过程中，我与学生有了比较多的交流，也建立起较深的师生情谊。我亲切地叫着他们的名字，他们认真地回答我的问题，认真地对待每一次作业，热情地和我打招呼。

遗憾的是，虽然我看了他们的文字，听了他们的声音，也记住了他们的名字，但由于所教学生太多，加上记忆力不好，我很难记得住他们每个人的脸——我只记得他们的脸都很年轻、很青春。

我想对来上教育叙事选修课的学生说，我想记住你们的脸。

（2023 年 11 月 4 日）

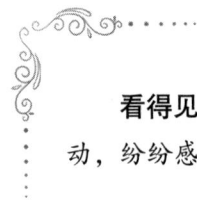

看得见的效果：学生看了《我想记住你们的脸》，很感动，纷纷感谢我对他们的指导。

例文 2

感　动

> 　　毕业离校前夕，学生杨文书邀我合影，送给我礼物，给我发深情的短信，还特地让她妈妈把我的教育叙事专著从家里寄到学校让我签名。文书所为让我感动，我写下《感动》一文，记录我与她之间美好的师生情谊。

　　这个周末，2018 级汉语言文学专业 6 班的杨文书就要毕业离校了。她约我今天与她在校园里合照留念，我欣然答应。

　　上午，我和文书在第三教学楼前拍了一张照片，还在这栋教学楼旁边刻有"谋道"两个大字的石头前面留影。

　　合影之后，文书请我在我的教育叙事专著《教育叙事的力量》上写一句话。她说："在家里的时候，我买了您这本书，前几天，我让我妈妈把这本书寄到学校，就是为了请您在书上签名。"说完，她笑了，笑得很灿烂。

　　看着文书灿烂的笑脸，我顿时很感动，接过她双手递过来的书，在扉页上写下"文书惠存"四个字，并一笔一画写下自己的名字。

　　分别的时候，文书还送我两样礼物。一个是她代表 2018 级汉语言文学专业 6 班全体同学送给我的一张卡片，卡片上面写着："感谢您予我们穿行世界的星光！"另一个是文书自己送给我的盒装礼物，这个礼物既好看又实用，关闭电源是一面镜子，接通电源是一幅很美的立体建筑群画面。学生很有心，两样礼物我都很喜欢。

　　文书给我发合影的时候，还特别写了这样的话语："谢谢老师的指导，我希望以后能成为像您一样优秀的人民教师。"

今天，文书和 6 班的同学们令我很感动。

说实话，在与学生相处的过程中，我不敢奢望学生把自己当作他们的老师来尊敬，更多的时候，我只是把自己当作学生大学时代的匆匆过客，完成教学任务之后我就与他们没有多少关系了。没想到，在学生毕业的时候，我能真切地感受到他们发自内心的敬意。

在感受到来自学生敬意的那一刻，我的心底涌起了深深的感动！

(2022 年 5 月 20 日)

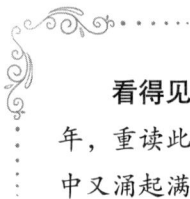

看得见的效果：写作此文时，我心中充满感动。时隔两年，重读此文，和文书合影、给她签名的情景历历在目，我心中又涌起满满的感动。

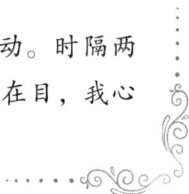

运用教育叙事追踪毕业生的现状与发展

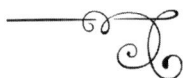

我们的教育不仅要解决学生当下面临的问题，比如考试、升学，我们的教育还要为学生的未来、为学生的明天而考虑。

自己所教的学生是否合格？他们毕业后有怎样的发展？离开学校、离开教师之后，我们的学生能不能适应社会？参加工作后能不能经受得起挑战？这些都是每个教师应该关注的事情。

了解学生毕业后的发展情况，可以让我们的教育规避盲目性，而更具有针对性。我常常想，不管是中小学校，还是大学都应该建立起毕业生的追踪制度，有专门的部门和人员来认真做这件事。要切切实实地执行这个制度需要大量的人力物力，目前恐怕不容易做到。但教师可以从自己做起，与自己所教的学生保持联系，了解他们毕业后的发展情况，最好能够把了解到的情况写成教育叙事，以此追踪记录学生毕业后的现状和发展情况。这种追踪记录能够帮助教师发现自己教育教学的优缺点，进而发扬优点，改进不足，对教育教学工作无疑是一种很好的促进。

一、追踪毕业生出色表现，提振教育信心，引导学生向优秀校友看齐

例文 ①

无缝对接

部分实习生没有认真实习，个别实习生还找理由要提前结束实习。我写下《无缝对接》，希望实习生从他们师姐郑妙迪的身上看到实习的重要性。

郑妙迪是今年岭南师范学院文传学院汉语言文学专业的本科毕业生。她作为应届毕业生参加了湛江市经济技术开发区 2021 年下半年的教师招聘。在这次教师招聘中，她顺利通过笔试，进入面试，最终以面试第一和总分第一的成绩成功上岸，今年九月份正式成为湛江市经济技术开发区第一小学的一名教师。

妙迪是我 2021 年所带的湛江市第十六小学实习队的队长。在选定实习队长之前，我给十几个实习生打过电话，问他们是否愿意担任实习队长一职。但大家出于这样那样的原因，没有人愿意当这个实习队长。实习开始的前几天，有学生向我推荐了妙迪，说她有能力，责任心又强，建议我问问她，看她是否愿意当实习队长。我马上给妙迪打电话，急切地和她说："我需要你的帮助，你就当实习队长吧。"听我这样说，

她爽快地答应了我的请求，成为我实习工作的得力助手。

毕业后，妙迪与我一直保持联系，有时我向她请教上网课的技术，有时她和我说说她的工作情况。

今天妙迪和我说，前不久她的学校教务处的领导和几位老师来听她的课。她上的是四年级的课文《普罗米修斯》。

"老师，教务处的领导和老师对我上的课评价很高，他们说没想到一个新老师能把课上得这么好。"妙迪高兴地说。

妙迪还告诉我："因为我这节课上得好，学校安排我送课下乡，可惜因疫情暂停了。"

知道妙迪的表现出色，我非常高兴，难掩激动："好啊！妙迪，你刚毕业就考上正式编制当教师，刚参加工作，教学就受到学校领导和老师们的肯定，你这是无缝对接啊！"

"我这节课上得好，和我在十六小的实习有很大的关系。在十六小实习时，我上过《普罗米修斯》这篇课文。当时为了上好这篇课文，我认真备课，多次请教指导老师莫书琪老师。在莫老师的指导下，我对《普罗米修斯》教学设计和 PPT 做了很多次修改。"妙迪回忆说，"实习的时候，正式上《普罗米修斯》之前，莫老师针对我试讲中的不足，指导我怎样提问、怎样启发学生、怎样评价学生的回答，还教我上课时怎样使用过渡语衔接各个教学环节。在十六小实习期间，莫老师对我的帮助很大。"

"老师，这次在一小上《普罗米修斯》，我感到比较轻松，因为我差不多就是把自己在十六小实习时上过的这节课重新上了一遍。实习时的磨课帮助了我。"

"历练很重要！"我说。

"对！历练真的很重要！我在十六小实习期间，莫老师曾经外出参加名师工作室的教研活动。莫老师出差期间，她班的语文课就由我来上，这对我是很好的锻炼。这次上《普罗米修斯》，我并不胆怯。"

我多次和师范生说，大家要努力学习，加强训练，练就过硬的教学本领，争取一走出大学校门就能找到工作，一参加工作就能胜任教学，实现无缝对接。

郑妙迪成功实现了我所期待的无缝对接。今天我把她无缝对接的故事写出来，希望对她的师弟师妹们有所启发。

（2022 年 11 月 24 日）

看得见的效果：《无缝对接》发到实习群之后，实习生纷纷表示会安心实习。此后，不再有人要求提前结束实习了。

例文 2

教龄只有7个月

写作
起因

毕业生林咏玲参加教育工作仅仅7个月就在市级教学比赛中获得一等奖，这在很大程度上反映出她在本科阶段接受的教育是成功的。我写下《教龄只有7个月》，让林咏玲的师弟师妹们向她看齐，也让他们对自己的学校充满信心。

"老师，老师！我今天代表学校参加市教育局的'致敬经典课例展示'比赛，拿了一等奖！"上午上完课刚回到家，我就收到毕业生林咏玲的获奖喜讯。

"厉害了！"看到"一等奖"三个字，我心里一阵激动。

"比赛中只有我是新老师。"不难想象，在市教育局组织的比赛中获得一等奖，咏玲是多么激动。

咏玲继续给我发短信："我教龄只有7个月，学校就把我推出去参加比赛了！"

"未来可期！"我为她点赞。

咏玲告诉我她比赛的情况："刚开始有点紧张，后来站上讲台，就忘记紧张了。"

我想知道是县级市还是地级市的比赛，就问咏玲："是什么市？"

"茂名市。"茂名市可是地级市，咏玲参加工作只有短短7个月，就代表学校参加地级市教学竞赛，而且获得了一等奖，真是太令人高兴了！我为她高兴，也深感欣慰。

咏玲给我发来几张比赛现场的照片。照片中的她身穿一件好看的连衣裙，整个人看上去青春、大方、自信。

"这套服装好看、得体!"我肯定她的审美。

"是的,和课文也很相称。"

"上哪篇课文?"

"《紫藤萝瀑布》,这个也是我参加教师招聘面试的篇目。我和这篇文章很有缘分,教师招聘面试也是第一名。"

咏玲获奖不是靠缘分,而是凭实力。早在大四,咏玲参加 2021 年第九届广东省本科高校师范生教学技能大赛获得了优秀奖。去年 10 月,咏玲刚刚参加工作不久,在学校里上汇报课就获得学校老师和领导的一致好评。时隔几个月,今天她在茂名市教育局组织的"致敬经典课例展示"比赛中勇夺一等奖!再一次展现出超强的实力!

咏玲教龄只有 7 个月,就在市级教学竞赛中获得一等奖,真是可喜可贺!我高兴得睡不着觉,午休时间写下这篇《教龄只有 7 个月》以示祝贺。

(2023 年 3 月 20 日)

看得见的效果:《教龄只有 7 个月》发到我的个人公众号后,阅读量持续飙升,林咏玲深受鼓舞,表示再接再厉,争取在教学中取得更大进步。林咏玲的师弟师妹们纷纷为师姐点赞,表示要向师姐学习。

二、追踪叙写毕业生在工作中遇到的困难，反思学校和教师的工作

谢谢反馈

写作
起因

　　从毕业生林志勇的反馈中，看到本科教学存在的某些问题，我写下《谢谢反馈》反思我们的教学。

　　林志勇是岭南师范学院 2022 届汉语言文学专业的本科毕业生。大学毕业之后，他参加教师招聘，顺利通过考试，成为湛江市第十九中学的一名教师。很久没有联系了，最近我有事联系他，我问他："现在工作怎样？顺利吗？"

　　"还算顺利。现在在广州市长兴中学这边交流学习。"志勇说。

　　"这么快就出去交流了？"

　　"出来见识见识。"

　　"这是一个很好的学习提升的机会。"我说。

　　"是的，特别是班级管理这一块非常值得去学习。"志勇说。

　　我接着问志勇："参加工作后，你适应吗？"

　　"挺怀念在大学里无忧无虑的生活，现在学校的领导、同事都很关怀我、很热情，所以我还是挺适应的。"

　　我特别想了解本科教育对毕业生的影响，就问他："你现在是一名

一线的教师了，你觉得我们本科的教育哪些方面做得好？哪些方面特别需要改进？"

"我觉得学校安排的实习挺好的，可惜我们那时候只顾着考研备考，确实错过了很多宝贵的学习机会。"志勇说，"特别是我们汉语言文学专业的学生，大多数人一出来就得承担班主任的工作，重担之下难免会觉得焦头烂额，我觉得大学有必要继续加强班级管理这一块的教学。其他的教学专业，我们母校的教学质量还是过得去的，主要就是在班级管理这一块，学生要多多学习。"

"还有呢？"我追问。

"还有，就是现在的学校都紧跟潮流，更新了教学手段，如希沃、粤教翔云、钉钉等软件的使用，大学也应该加强普及。"

我问志勇："你们在本科阶段没有学习过希沃、粤教翔云、钉钉的使用吗？"

"印象中是没有的，这方面的普及也是挺重要的。"志勇说。

"那是！一工作就要用到了，不懂使用就很难适应工作。"

"是呀，所以出来工作后我马上恶补相关知识。"

时间不早了，我勉励志勇："学校应该是重视培养你才派你去交流学习的。抓住这个机会提升自己！"

"是的，我得好好珍惜这个机会，尽快提升自我！"

最后，我感谢志勇的反馈："谢谢反馈！我们特别需要毕业生反馈工作的情况。有反馈，我们才知道本科教育哪些地方做得好，哪些地方亟待改进。欢迎继续给母校反馈意见，谢谢！"

（2023 年 2 月 10 日）

看得见的效果：《谢谢反馈》发到我们学院的交流群后，学院领导表示会重视毕业生所反馈的问题。

三、用教育叙事记录毕业生遇到的麻烦，提醒在校生提前做好应该做的事情

例文 ①

不要等毕业之后才加老师的微信

写作起因

　　一些学生毕业之后申请硕士研究生要找老师当推荐人，这才想起读大学的时候没有加老师的微信。我写下《不要等毕业之后才加老师的微信》提醒学生应早点加老师的微信。

　　这几天陆续有学生找我当他们申请硕士研究生的推荐人，这不刚刚又收到一个 2017 级毕业生的请求："李雅老师，早上好，有点事想请您帮忙，我在申请香港的研究生，想请您当我的推荐人，可以吗？"

　　学生申请研究生是值得高兴的事情，请我当推荐人更是令我高兴，但为了让她申请成功的概率大一点，我拒绝了她的请求："谢谢你的信任！我很乐意当你的推荐人，但我的职称只是中学语文高级教师，相当于副教授。我建议你去找朱院长，他是教授，推荐更有分量。"

　　"您是我的指导老师，在我眼里非常重要。"

　　尽管学生再次请求，但我还是让她去找我们学院那些学历高、职称高、学术水平高的教授当她的推荐人。不是怕麻烦，而是为了让学生把事情做成功。

"好的，谢谢老师。"

接着这位毕业生有点不好意思地说："老师，有些教过我的老师是教授，但读大学的时候，我没加他们的微信。"

我没多说，就把朱院长和另外一位教授的微信推给她。

这位已经毕业的学生没有自己老师的微信，我不觉得奇怪。因为每教一批学生，我都欢迎他们加我微信，方便教学，但总有一些学生上了我的课，到学期结束还没有加我微信。有些学生是等到毕业之后有需求才加我微信的。

地球上有几十亿人，能够在一个校园里相遇成为师生，这是怎样的一种缘分！建议同学们早点动动手指与老师成为微信好友，不要等到毕业之后，遇到问题了才想起要加老师的微信。

（2014 年 1 月 17 日）

看得见的效果：这篇文章发到公众号后，好些学生抓紧时间添加了老师的微信。

例文 2

深夜发来的信息

写作
起因

> 我的一个学生毕业后没有妥善保存自己的毕业论文，急需的时候找不到了，只好在深夜发信息求助于我。我写下《深夜发来的信息》，提醒她的师弟师妹们妥善保存好自己重要的资料。

夜深了，宁静之中我听到手机传来接收信息的声音。

学生已经放假了，这么晚了，谁还会发信息？

我拿来手机一看，是 2018 级的一个毕业生发的。点开之后，一条信息赫然在目："李雅老师，深夜打扰您了，我的 U 盘被学生不小心撞烂了，里面的资料无法恢复了，请问您还有我的毕业论文吗？"

时间已经过去一年多了，我的手机已经换了，她现在要毕业论文，这个忙我可能帮不上了。

我没有立即回复她，而是起床打开电脑查看。

还好！我的电脑中还保存着我所指导的 2018 级的几个学生的毕业论文。

我回复这个学生："好在我的电脑里还保存着！"接着把毕业论文给她发了过去。

"谢谢老师！实在太感激了，我以为存 U 盘里已经够稳妥了，没想到还是要多备几份。"

"这么重要的资料，U 盘、云盘、电脑、手机都应该保存才行。"我教育她。

"是的，长记性了，原以为电脑也存了，没想到怎么也找不到，微信文件也过期了。"

"论文还应该打印一份，用纸质形式保存下来。"我提醒她。

"好的！谢谢老师提醒！是应该这么做，刚刚文件夹也翻了，也没找到。"

最后这个学生说："老师，不打扰您休息了，晚安！"

我一时没了睡意，干脆在电脑里写下这篇短文，提醒已经毕业和还没毕业的学生要用多种方式保存好自己重要的资料。

（2024 年 1 月 14 日）

看得见的效果：《深夜发来的信息》得到很多学生的点赞与认同，他们认识到确实应该保存好自己重要的资料。

后　记

在我的教育生涯中，2015 年是一个非常重要的年份——这一年我开始了教育叙事写作。从此我的教育叙事便一发而不可收，到现在我写了 360 多篇教育叙事。

按照作者来分类，教育叙事可以分为教师视角下的教育叙事、学生视角下的教育叙事和家长视角下的教育叙事。我所写的 360 多篇教育叙事全部属于教师视角下的教育叙事。

2015 年写作教育叙事一段时间之后，我发现教育叙事具有助推教育教学工作的功能，它能够教育引导学生，能够促使班级蜕变，能够助推自己的教育教学工作。这个发现让我非常惊喜，很快我就有意识地运用教育叙事来助推自己的教育教学工作。我写作教育叙事的主要目的不在于发表，而在于运用教育叙事助推自己的教育教学工作，把工作做得更好。我所写的 360 多篇教育叙事，都与我的教育教学工作密切相关。这些教育叙事，或用于建设优秀的班集体，或用于助推学科教育，或用于反思教育教学工作，或用于引导师范生更好地成长，或用于建立良好的师生关系，或用于追踪毕业生的发展……我的教育叙事写作与我的教育教学工作密不可分，我写教育叙事就是在做教育。

从 2015 年到现在已经有 9 年的时间。9 年是一段比较长的时间，我能够在这么长的时间里坚持写作教育叙事是因为我越写越用越感到教育叙事是个好东西：它是学生成长的导航仪，能够引领学生健康成长；它是教师的好帮手，能够提高教师的工作效率，减轻教师的工作负担；它是教师成长的助推器，能够加快教师成长的步伐……

一篇教育叙事用来教育引导学生，哪怕只触动一个学生的内心也是有写作价值的；一篇教育叙事分享给同行，哪怕只对一个教师有启发也是有写作价值的。事实上，一篇教育叙事写下来，借助微信群、朋友圈、公众号等分享出去之后，能对不少学生和教师有帮助。

　　我觉得教育叙事这么好、这么有价值的东西教师应该多写。而且这么好、这么有价值的东西，写出来之后应该尽快分享出去，让更多的师生受益。为了让更多的教师看到教育叙事的功能，让更多的教师也像我一样写作教育叙事、运用教育叙事并享受教育叙事的种种好处，我萌生出版一本书来和其他教师分享我如何运用教育叙事来助力教育教学工作的想法。我的想法很快得到暨南大学出版社杜小陆副社长的支持，他帮我策划了《教育叙事运用实例》的写作方案并给出很多具体的指导意见。在杜副社长的耐心指导下，我认真梳理了 2015 年以来所写的教育叙事。2023 年 6 月我完成《教育叙事运用实例》的初稿，随后多次打磨、修改，现在《教育叙事运用实例》终于定稿可以出版了。

　　《教育叙事运用实例》是一本写了 9 年的书。本书所选的 70 篇例文是从我自 2015 年到现在 9 年间写作的 360 多篇教育叙事中筛选出来的，书中的观点和体会是我在过去 9 年中不断实践和思考的结果。

　　《教育叙事运用实例》是一本"讲"出来的书。2021 年 11 月，我出版教育叙事专著《教育叙事的力量》，随后我深入到中小学校做教育叙事的讲座，与中小学一线教师交流探讨教育叙事的运用。每做一次教育叙事讲座，我都有不少收获。《教育叙事运用实例》一书的基本框架是在讲座中"讲"出来的，书中不少观点和一些我自以为精彩的语句也是在讲座的过程中"讲"出来的。可以说，没有我做的 30 多场的教育叙事讲座，没有每一场讲座之后的认真整理，就不可能有这本书。

　　《教育叙事运用实例》还是一本"讨论"出来的书。在写作这本书的过程中，就教育叙事运用中的种种问题，我经常与杜副社长和黄颖编辑进行讨论，也经常与一线中小学教师进行讨论，还经常与我校文学与传媒学院的师生讨论。讨论给了我写作的灵感，加深了我对教育叙事运用的理解，也增加了《教育叙事运用实例》的深度和广度。

　　对我来说，运用教育叙事助推教育教学工作是一项富有挑战性的工作，我的不少观点和做法还很不成熟，还需要不断探索和完善。敬请读者朋友们提出宝贵的意见。

在本书即将出版之际，我内心充满感动，特别想说"感谢"两个字。

感谢杜小陆副社长的策划与悉心指导！感谢黄颖老师的细致编校！

感谢李斌辉教授拨冗为这本书写序！

感谢书中所有被写的学生，尤其感谢书中有姓有名的一百多位学生！感谢他们同意我在书中使用他们的真实姓名！

感谢家人一路的陪伴与支持！

最后，我要感谢自己！感谢自己对教育和教育叙事的热爱与执着！

李 雅

2024 年 8 月 15 日